Martin Hecht

Unbequem ist stets genehm

Die Konjunktur der Querdenker

Rowohlt

1. Auflage September 1997
Copyright © 1997 by Rowohlt Verlag GmbH,
Reinbek bei Hamburg
Alle Rechte vorbehalten
Umschlaggestaltung Guido Klütsch
(Foto: G + J Fotoservice / Photonica, Jeffrey Zaruba)
Redaktion Andreas Anter
Satz aus Bembo (Linotronic 500)
Gesamtherstellung Clausen & Bosse, Leck
Printed in Germany
ISBN 3 498 02946 0

Unbequem ist stets genehm

Inhalt

Vorwort 9

I Im Gleichschritt den aufrechten Gang 11
*«Denkst du quer – bist du wer» – Unbequeme
und andere Rebellen – Clowns und junge Wilde*

II Die Penetranz der Devianz 41
*Der Querdenker als Medienstar – Querdenker
verzweifelt gesucht – Die Querdenker-Akademie –
«Deviance sells»*

III Rebellen ohne Risiko 71
*Der Jargon des Querdenkers – Rebellen ohne Risiko –
Querdenken für jedermann – Hunderttausend Genies –
Querdenken als Modus vivendi – Schmerzens-
männer und Propheten – «Sehnsucht nach Synthese»*

IV Wie Kritik zur Attrappe wird 117
*Ziviler Ungehorsam als Breitensport –
Kritik als Alibi*

Vorwort

Vor ein paar Jahren wurde ich bei der Zeitungslektüre zum erstenmal auf einen Menschenschlag aufmerksam, der mir bis dahin verborgen geblieben war: die «Querdenker». Im Laufe der Zeit gerieten immer mehr ihrer Repräsentanten in mein Blickfeld. Ich begann mich mit ihnen zu beschäftigen, weil mich die Frage interessierte, was «queres Denken» heute überhaupt noch bedeuten kann.

Schon nach den ersten Recherchen konnte ich auf eine reich bestückte Anthologie splendider Vertreter aus Politik, Wirtschaft und Kultur zurückgreifen. Die diffuse Masse aus vielen einzelnen Nonkonformisten verdichtete sich bald zu einem unverkennbaren Persönlichkeitstypus und Trendsetter unserer Tage, der mittlerweile überall in unserer Gesellschaft auftaucht. Als hartnäckiger Konkurrent im Windschatten des kritischen Intellektuellen ist er drauf und dran, diesem den Rang abzulaufen.

Was ist quer an querem Denken? Wo sind die Tummelplätze, auf denen die Querdenker ihr queres Mütchen kühlen? Wie bewältigen sie die dornenreichen Pfade ihres beschwerlichen Tuns? Wann und zu welchen Anlässen wird quer gedacht, warum und zu welchem Behuf? Der noch vergleichsweise kurzen Geschichte des Querdenkers versucht dieser Essay nachzuspüren.

Ich danke Ulrike Schwarz und Georg Steinert für viele Anregungen und die kritische Lektüre des Manuskripts. Für seine scharfsichtige Auseinandersetzung mit dem Thema bin ich Andreas Anter sehr verbunden.

Gedankt sei letztlich auch jenen, die mir bei der Beschreibung des Querdenker-Typus so geduldig Modell gestanden haben. Ohne sie und ihr unermüdliches Posen auf den verschiedensten publizistischen Bühnen wäre dieses Buch nicht geschrieben worden.

Freiburg, im Mai 1997 Martin Hecht

I Im Gleichschritt den aufrechten Gang

«Der Lärm aber ist die impertinenteste aller Unterbrechungen, da er sogar unsere eigenen Gedanken unterbricht, ja, zerbricht. Wo jedoch nichts zu unterbrechen ist, da wird er freilich nicht sonderlich empfunden werden.»
Arthur Schopenhauer, Parerga und Paralipomena, Über Lärm und Geräusch, 1851

Lena ist vier Jahre alt und geht jeden Tag in die Kindergruppe. Im feierlichen Timbre unverhüllten Mutterstolzes gibt die junge Frau in der Straßenbahn ihrer Freundin und mit ihr dem gesamten hinteren Wagenteil zu verstehen, «daß Lena sich dort schon ganz toll durchsetzen könne», denn sie sei «eine kleine Querdenkerin». Das bringt die Freundin, Mutter des sechsjährigen Daniel, in Zugzwang. Nach seinem Berufswunsch befragt, hätte ihr Jüngster neulich nicht etwa entgegnet, er wolle Lokomotivführer werden, nein, deutlich hätten die Lippen des Kindes das Wort «Ideenmacher» geformt – und das sei, so die Frau selbstbewußt, ja doch auch irgendwie «quer».

Aber nicht nur unsere Kleinen denken quer, auch die Großen machen mit. Nach der vielbeachteten Rede des Bundespräsidenten im Berliner Hotel Adlon vom 26. April 1997 schrieb die Nachrichtenagentur *Reuters,* daß Roman Herzog die noch verbleibenden zwei Amtsjahre dazu nutzen wolle, «seinen Weg als Mahner und oberster Querdenker der Republik weiterzugehen». Um den Querdenkern ein eigenes Sprachrohr zu verschaffen, hat der Goldmann-Verlag die Sachbuchreihe «QUER/DENKEN!» ins Leben gerufen, die, einem Kompendium der Krittelei gleich, alle prominenten Nörgler vollzählig erfassen soll und vierzehn solcher Musterexemplare aufgeboten hat. Natürlich ist auch Eugen Drewermann mit von der Partie, wenn im Gleichschritt der aufrechte Gang geprobt wird. Der Gottesmann fährt in seinem Buch schweres Geschütz auf, wenn er von seinem «Querdenken» spricht. Am liebsten will er, dem Lachse gleich, «Hunderte von Meilen gegen den Strom schwimmen». Lachse treten in Schwärmen zu Tausenden auf, wenn sie zu ihren Laichgründen ziehen, und so erfreut sich auch Drewermann recht vieler Zeitgenossen, die bereitwillig mit ihm schwimmen.

Denkst du quer – bist du wer

Wer die Szenerie der deutschen Öffentlichkeit in den Blick nimmt, kann nicht daran zweifeln: In Deutschland boomt das quere Denken wie noch nie und findet reißenden Absatz. Vorbei scheinen die Zeiten des Kuschens und Sichduckens. Wer gegen den Strich bürstet, hat Konjunktur. Gängiges in Frage zu stellen ist zum Volkssport geworden und zeitgemäße Quintessenz moralisch-politischen Anstands. Überall formieren sich die Legionen des queren Geistes und bestürmen die Bastionen der behäbig gewordenen alten Weltanschauungen. Die unbotmäßige Botschaft im Marschgepäck, rütteln sie jeden wach, der an Konventionen festhält und noch nicht bemerkt hat, daß allem Orthodoxen der Abend dämmert. Es scheint, als begännen wahrlich prachtvolle Zeiten, in denen nun auch jene ihr Joch der Konformität abschütteln, die bislang noch als Besitzstandswahrer einer überkommenen Gesinnung gegolten hatten. Die Epoche der Ghettoisierung und Stigmatisierung des kritischen Bewußtseins scheint im Verbleichen.

Die «QUER/DENKEN»-Buchreihe ermöglicht noch

anderen Zeitgenossen, sich vom stickigen Dickicht linientreuer Literatur abzusetzen. Brandenburgs Sozialministerin Regine Hildebrandt etwa offenbart sich gleich auf der ersten Seite ihres Bändchens als «Querdenkerin»; sie sei aber auch «in aller Bescheidenheit» damit einverstanden, «Mutter Courage» genannt zu werden. Georg Kronawitter, Münchener Ex-Oberbürgermeister und seit 1978 stolzer Träger der Ludwig-Thoma-Medaille «für Mut und Zivilcourage», ist mit dabei. «In 30 Jahren Politikerleben... gab es Anlässe genug, die mich zum Querdenken veranlaßt haben», sagt er und bringt sich in Wallung: «Die Konservativen werden den Sprengsatz spüren, den ich da lege, und massiv dagegenhalten, wenn sie mich nicht totschweigen können. Aber ich kann aus meiner Haut nicht heraus: Was mich umtreibt, was ich als schreiendes Unrecht empfinde, muß ich auch ausspeien und benennen, mit dem Ziel, es zu verändern.» Über 120 Seiten speit Kronawitter sich aus, daß es nur so kracht. Selbstlos schiebt er es auf seine Erziehung, wenn er sich rückblickend die Frage stellt, was ihm denn die Kraft und den Mut gegeben habe, «gegen den Strom zu schwimmen», auch wenn er «isoliert und zum Außenseiter gestempelt wurde».

Auch wenn ihn die Sachbuchreihe sträflich ignoriert hat, ist er einer der Unerschrockensten der Bewegung, vielleicht sogar ihr geheimer Kopf, der im Bergischen Land gebürtige TV-Pastor Jürgen Fliege. Mit seinem Wirken im Fernsehen seit der Erstsendung von «Fliege» im Februar 1994 hat er nach einem nicht mehr enden wollenden Moratorium sehnlichstes Seufzen unter deutschen Trostbedürftigen beendet und die schmerzliche Lücke, die seit der Retraite von Adolf Sommerauer schon Ende der siebziger Jahre gerissen worden war, bündig geschlossen. So bündig und erfolgreich, daß sich ausgerechnet die *tageszeitung* gezwungen sah, ihn als die «einzige Hoffnung der Kirche» zu bezeichnen. Einer Umfrage der ARD zufolge ist Jürgen Fliege für die Deutschen mittlerweile der «einfühlsamste, der menschlichste, der sympathischste» aller Moderatoren. Und Mitmenschlichkeit zahlt sich aus: Seine Einschaltquoten sind stattlich, seine Buchauflagen gewaltig.

Jürgen Fliege versteht keinen Spaß, wenn er den Anpassern einheizt. Angriffslustig legt er den Kopf auf die Seite und packt sie am Schlafittchen: «Das Volk hat Hunger nach einer erotischen Religiosität», meint er. Den zu stillen, macht er sich denn auch zum Auftrag. «Um gesund zu werden», sagt er, «brauchst du Behinderte, Alte, Kranke, schreiende Kinder, Durchfall, Gestank», und zieht folgerichtig die Konsequenzen: «Nein, quer und bunt und stinkig und solidarisch müssen wir sein.» Und so hat er es denn auch stets gehalten – allen Naserümpfern zum Trotz. «Der Protestant», erklärt er, «ist ein ewiger Revolutionär, ewig unruhig. So bin ich auch.»

Wie Sommerauer, der noch in hohem Alter seine rührselige Lebensbeichte «Auf meine Art» couragiert als «Erinnerungen eines Unbequemen» unters Volk streute, hat auch Fliege pünktlich zum Weihnachtsgeschäft 1996 seine Erinnerungen unter dem glacierenden Titel «Komm und folge deinem Herzen» auf den Markt gebracht. Was zwischen den Buchdeckeln zu erfahren ist, verschlägt einem die Sprache. Wohl nicht mehr seit Jean-Jacques Rousseaus «Bekenntnissen» ist offener und selbstloser bekannt worden, ist innerlicher empfunden worden als in Flieges froher Botschaft. Wir erfahren, daß Fliege «Fahrrad mit Hilfsmotor» fährt, daß er italienische Kellner des spätnächtlichen Konsums schlüpfriger Filme verdächtigt, und auch, daß er einmal seine Mutter drängte, für ihn einen weißen Schal zu kaufen, «so einen, wie Hans-Joachim Kulenkampff im Fernsehen trug».

Schon auf den ersten Seiten stellt er klar: Nicht der mit

dem Wolf tanzt, will er sein, sondern, standesgemäß, «der mit dem Volk tanzt», und zwar «aus der Reihe». Aber nur einmal im Jahr reicht ihm nicht aus. Er hat den «Heiltanz aus der Reihe» zu seinem Lebensprinzip erhoben und vollführt ihn immerzu. Es bleibt zu hoffen, daß auch sein Fernsehpublikum bald in den Genuß kommt, den Meister persönlich in autotherapeutischer Trance tanzend zu bewundern. Wie er zum Tänzer wurde, obwohl er doch eigentlich Schauspieler hatte werden wollen, erzählt er in seiner Geschichte «von einem, der auszog, die Bretterwelt zu erobern», aber dann «mit einem einzigen Brett vor dem Kopf geschlagen wieder nach Hause zurückkehrte». Sein weiterer Weg sollte ein steiniger werden. Er wurde es spätestens an dem Tag, an dem er sich bei der Endausscheidung für das «Wort zum Sonntag» mit anderen seiner Zunft messen wollte. Fliege belegte aber nur den undankbaren zweiten Platz – «zu frech, zu provokant, zu anders» sei er beim Casting aufgetreten. «Ich wollte doch, wie der blinde Bartimäus aus dem Neuen Testament, mit verbundenen Augen vor die Fernsehkamera treten und erzählen, daß man sich in seiner Not nur noch auf seine Not verlassen kann und nicht auf die scheelen Blicke seiner Umgebung.» Der Jury muß die Not allzu groß gewesen sein, und der enttäuschte Geistliche wurde aus dem Fernsehstudio geleitet. Vermutlich sah sich der verstörte Diener Gottes nach dem Ablegen der Augenbinde draußen vor dem Kirchenstudio statt des roten Kameralämpchens plötzlich rotierendem Blaulicht eilends herbeigerufener Sanitätsfahrzeuge gegenüber. Dies würde zumindest erklären helfen, warum er sich später darauf festlegte, er bleibe ein Hirte, «der das Zerrissene und Verirrte und Verwirrte» suche.

Heute steht seine TV-Fangemeinde treu zu ihrem «vorlauten Pfarrer», wie er sich nennt, und wenn am Ende der Woche dem Seelsorger vor lauter Schmach und Pein der

Schädel brummt, dann, so folgt der Leser mitleidend seinen Ausführungen, sei «Waschtag», denn am «Freitag, nachdem wir bis zu zwölf Sendungen hinter uns gebracht haben, kommt immer große Traurigkeit über mich. Und dann und wann kann ich meine Tränen nicht mehr halten. Ich schäme mich nicht dafür. Es sind meine kostbarsten Helfer, wieder sauber zu werden.»

Wieder sauber zu werden – das wünscht ihm auch sein Lesepublikum aus vollem Herzen. Mit Fug und Recht: «Ich bin ein Schaf unter unendlich vielen – Halleluja!» bekennt der Fünfzigjährige in einem Interview mit dem *Publik-Forum*, der *Zeitung kritischer Christen*. Auf die Frage: «Wo gehen Sie in die Kirche?» antwortet Fliege: «Ich gehe nicht so oft. Ich suche und suche.» (Fliege weint.) «Da kommen mir wirklich die Tränen in die Augen. Wissen Sie was: Ich kann mit meinen Kindern nicht in die Kirche gehen. Die sagen: Ich gehe nur in eine Kirche, die du machst.» Fliege hat nah am Wasser gebaut und macht daraus keinen Hehl. Sein Publikum weiß denn auch Flieges emotionalen Einsatz zu schätzen und entlohnt ihn mit Applaus. Viele gibt es, die mitweinen, manche sollen hin und wieder tief gerührt aufstehen und lauthals «Danke» singen. Fliege wiederum quittiert die Gefühle der Gäste auf seine Weise. «Danke für die Emotion», sagt er bei Bedarf und schluckt.

Jürgen Flieges ebenfalls konfessionell stark gebundener Geistesbruder ist Peter Hahne. Der apotheotisch dauergrinsende, unverhohlen selbstgefällige, aber nichtsdestotrotz – hauptsächlich bei Frauen jenseits des Klimakteriums – über die Maßen beliebte ZDF-Nachrichtensprecher ist ein mindestens ebenso unverbrüchlicher Dissident. Hahne liest nämlich nicht nur Nachrichten – er schreibt auch eigene Gedanken nieder. «Wertvoll werden, wesentlich werden. Reden nicht zum Gerede und Tun nicht zum Getue verkommen lassen. Echte Kreuz- und Querdenker braucht das

Land.» Das ist seine Losung. Seit er quer denkt, hat der Theologe – unterstützt vom Hänssler-Verlag – mit wahrhaft hanebüchenen Hahne-Büchern ein wahres und nicht enden wollendes Feuerwerk in der sogenannten konfessionellen Literaturszene gezündet: Der populäre *Bild-am-Sonntag*-Kolumnist, der mit seinen «Gedanken am Sonntag» Woche für Woche verbale Dünnsäure in die deutsche *BILD*-Leserschaft verklappt, hat großes Gewicht, ist er doch nicht nur Mitglied der EKD-Synode, sondern auch Autor solch unvergänglicher Werke wie *Gute Nachrichten* (1993), *Gute Aussichten* (1995) und *Frohe Weihnachten* (1995), die mit weit über 2,5 Millionen Exemplaren ihren Verfasser zum gegenwärtig auflagenstärksten Schriftsteller evangelischer Literatur im deutschsprachigen Raum haben aufsteigen lassen.

Helmut Kohls liebster Nachrichtensprecher, der vor jedem Gang ins Fernsehstudio innere Einkehr hält («vor jeder Sendung rede ich mit Gott») und in der *heute*-Sendung immer aus der Wäsche schaut, als habe es vorher nicht mehr zum Austreten gereicht, ist Herr über eine gewaltige Masse an protestantischem Propagandamaterial und religiösem Indoktrinationsschrifttum. Da ist es erstaunlich, daß der missionarische Gesinnungstäter sich andererseits gegen jede Art der «Macht der Manipulation» stemmt, wie er ein weiteres Werk aus seiner Feder überschrieben hat. «Darf man alles, was man kann? Wer setzt die Grenzen?» fragt Hahne. «Da ist Matthäi am Letzten» sei für ihn die beste Parole der Welt, sagt er – und auch sein Publikum nach der Lektüre seiner steinerweichenden Sätze.

Das zeitgenössische Querdenkertum ist allgegenwärtig. Es will scheinen, als gebe es dieser Tage keinen gesellschaftlichen Raum, keine Wertsphäre, die dem Querdenker verschlossen wäre. Im Gegenteil stellt sich der Eindruck ein, als wäre der Querdenker allerorts ein gern gesehener Gast, für den es nur offene Häuser und warme Empfänge gibt. Neben den Sphären der Politik und der Religion ist der Querdenker längst auch in der profanen Welt der Ökonomie zu Hause. Ausgerechnet hier, im Reich von Produktivität und Kapital, wo alles Sinnen und Erwägen, wie man meinen sollte, ausschließlich um Profite und Erträge kreist, wird kreuz und quer gedacht, daß die Fetzen fliegen, feiern die Kundschafter des Querdenkertums sagenhafte Triumphe. Der Vorsitzende des Bundes katholischer Unternehmer (BKU), Werner Then, feiert hemmungslos mit. Sein sehnlichstes Anliegen sei es, gab er gegenüber dem *Katholischen Sonntagsblatt* zu Protokoll, daß seine Organisation «der Querdenker im Arbeitgeberlager wird, der Stachel im Fleisch». Auch der ehemalige VW-Topmanager Daniel Goeudevert will Querdenker sein. Nachdem er sein wachrüttelndes Œuvre «Die Zukunft ruft» 1990 «allen Querdenkern dieser Welt» gewidmet hatte, offenbart er sich sechs Jahre später als ebensolcher. Seine «Memoiren eines Querdenkers» veröffentlichte er unter dem Titel «Wie ein Vogel im Aquarium». Der Titel ist anspielungsreich, und der kritische Leser hört die Nachtigall schon trapsen: Goeudevert begreift sich als «schrägen Vogel», gerne auch, so die *ZEIT*, als «Paradiesvogel». Der «glückliche Sisyphos» outet sich in seinem Werk als Querdenker, was er für seine französischen Landsleute vorsorglich mit «empêcheur de tourner en rond» übersetzt, also wörtlich «derjenige, der verhindert, daß man sich im Kreis dreht», und das, obwohl der «zuweilen Unbequeme» darin derartige Pirouetten hinlegt, daß dem schwindelnden Leser schon schwant, das Eis könnte brechen.

In die ideologische Pole-Position der ökonomischen Querdenker vorgerückt ist auch «Mr. Chip» alias Erich J. Lejeune, der auf dem Schutzumschlag seiner letzten

Scharteke fingerschnalzend zum Querdenken aufruft. Der erfolgreiche High-Tech-Unternehmer und, worauf er besonders stolz ist, Berater des baden-württembergischen Ministerpräsidenten Erwin Teufel, gilt als Hardliner unter den Queren. Lejeune ist Autor von «Aufbruch Deutschland», ohne falsche Bescheidenheit von ihm als «Streitschrift eines Unternehmers zur Lage der Nation» verstanden. Von der ersten bis zur letzten Seite dieser regelrechten Querdenker-Bibel, der es vergönnt war, auf die vorderen Plätze der von der *Wirtschaftswoche* ermittelten Hitliste der Wirtschaftsbestseller zu rücken, verkündet der zum Schreiben offenkundig nicht geborene Mann seine aufrechten Grundwerte, daß einen vor lauter Appellen gegen die Bequemlichkeit das Grausen packt und die Scham Zeile um Zeile größer wird, Kleider zu tragen, auf Stühlen zu sitzen und winters in beheizten Räumen Obdach zu suchen.

Lejeunes Werk darf als Höhepunkt der Querdenker-Literatur gelten, gelingt ihm doch das schwierige Kunststück, sich zum Anwalt der queren Geister zu machen und sich zugleich der ideologischen Gefolgschaft des Queren so unverdächtiger Zeitgenossen wie Berti Vogts, Franz Beckenbauer, Erwin Teufel oder Friedrich Zimmermann zu versichern. Galten diese bislang noch als unverfängliche Repräsentanten von Disziplin und Ordnungssinn – ob innerhalb der Viererkette oder in der Innenpolitik –, mit Lejeunes Glaubensbekenntnis bricht eine neue Zeitrechnung an. Und daß er in seinem Vorwort den geistigen Schulterschluß mit einem vergleichsweise geradlinigen Karrieristen, seinem Vorbild Alfred Herrhausen, beschwört, tut seinem aufbegehrerischen Credo offenbar keinen Abbruch. Herrhausen habe ihm einen wegweisenden Satz mit auf die Lebensbahn gegeben: «Wir müssen das, was wir denken, auch sagen. Wir müssen das, was wir sagen, auch tun. Und wir müssen das, was wir tun, dann auch sein.» Lejeune will das beherzigen: Deutschland brauche solche Querdenker, erfährt man bei Lejeune, und endlich auch, was denn einen Querdenker ausmacht: «Querdenker», sagt der Mann, der aus innerer Überzeugung auf Nadeln sitzt, «sind die Liberos im Unternehmen. Sie bohren an ihrem Arbeitsplatz nach der wertvollen Ressource Kreativität.» Er gibt ein Beispiel: «Fünf Studenten erhalten den Auftrag, mit Hilfe eines Barometers die Höhe eines Gebäudes zu bestimmen. Vier messen umständlich den Luftdruck auf dem Boden, dann auf dem Dach und fangen an zu rechnen. Der fünfte hingegen fragt den Hausmeister nach der Gebäudehöhe und schenkt ihm das Barometer.» – «Das ist der Querdenker», löst Lejeune mit delphischem Lächeln das Rätsel.

Seit hierzulande die Debatte um die Konkurrenzfähigkeit des «Wirtschaftsstandorts Deutschland» ins Rollen kam und mit ihr die unheilvolle Globalisierungsrhetorik zu kreisen begann, sollte es nicht lange dauern, und die große Leerformel «Innovation durch Querdenken» bemächtigte sich der Vorstandsetagen bundesdeutscher Großbetriebe und Konzerne. Von der Politik nach Kräften unterstützt, eröffnete sie eine bis dato in der Branche nicht gekannte Kirmes der Eitelkeiten. Ob bei Mercedes-Benz, wo um Zampano Eckard Minx eine unternehmensstrategische Forschungsgruppe «mit Mut zum Querdenken» ihr Unwesen treibt, oder bei Siemens in München, überall wurden Manager mit Top-Bezügen freigestellt, um ohne unmittelbare Vorgaben querzudenken und sich so gegen eine bedrohliche Zukunft zu wappnen. Vorbilder dieser Aktivitäten sind wie so oft amerikanischen Ursprungs, wo die Querdenker «horizontal thinkers» oder auch «mavericks» heißen. Mavericks, das gab Unternehmensberater Georg Reinfelder in der *Süddeutschen Zeitung* kund, sind «kantige

Typen, Querdenker und Seiteneinsteiger, mit skurrilen Eigenheiten», «Unruhegeister» und «schöpferische Chaoten».

Vielen sind beim «Unruhestiften» im Laufe der Zeit offensichtlich die Sicherungen durchgebrannt. Ein besonders schwerer Fall ist der Siemens-Querdenker Helmut Volkmann, Direktor der Abteilung «Forschung und Entwicklung», der sich im Internet in Denkerpose vor dem Hintergrund einer mystischen Strahlensymbolik präsentiert. «Ich bin hier der Spinner vom Dienst», stellte er sich *SPIEGEL*-Redakteurin Michaela Schießl vor. Weil er, wie er schon 1991 der inzwischen eingestellten Zeitschrift *tempo* mitgegeben hat, zum Querdenken keine geeigneten «Mitspinner» gefunden habe, habe er «aus der Not eine Tugend» gemacht, «in seinem Kopf eine virtuelle Gruppe» gegründet und dort Personen debattieren lassen, die er selbst erfunden hatte: Kai aus der Kiste diskutierte da mit Tom Sawyer, die Wahrsagerin Eva Pragma mit Ingo, dem alten Ingenieur, und der Zwilling Medic, der für Methodik und Didaktik steht, mit «vip's», dem naiven Parzival der Truppe. In diesem illustren Kreis inmitten seiner virtuellen Rappelkiste konferierte Volkmann Tag und Nacht. Zusammen mit seinen «Mitspinnern» erfand er, wie der *SPIEGEL* weiß, eine «Unsinnmaschine, die rückwärts laufen kann». Gedanklich drang er damit in Dimensionen vor, die vor ihm noch kein Raumschiff gesehen hat: Er gelangte nach eigenen Angaben fast zurück bis zum Urknall. «Wir reisten zur Geburtstagsparty des Urknalls», erzählt er, «trafen dort die Phänomene und quatschten bis tief in die Nacht mit ihnen.»

Ähnlich nahe dem Big Bang sind auch die Ideen, die in jüngster Zeit unter dem Kappendach des gelernten Wirtschaftsingenieurs gären: Volkmann hat «Xenia» gegründet, «die Wissensstadt am Weg zur Informationsgesellschaft», eine virtuelle Metropole, die der Querdenker im Pappmaché-Modell auf der «CeBIT Home» 1995 vorgestellt hat und die selbst bei der leidgeprüften Rita Süssmuth auf ungläubiges Staunen stieß. Mit ihr und anderen böhmischen und potemkinschen Dörfern, in denen «Bäcker, Spengler, Künstler: eben alles, was es so gibt» leben sollen, will Volkmann «Wagnis-Ideen zur gesellschaftlichen Gestaltung» anbieten, günstigenfalls «vielleicht sogar einen ‹Sinnmarkt› betreiben», auf jeden Fall aber «zum Kontinent der Lösungen» aufbrechen. «Rudert mal rüber zu den Inseln der Bedürfnisse, klettert aufs Massiv der Wagnis-Ideen!» ruft der Abteilungsdirektor, laut *SPIEGEL*, dem irritierten Betrachter zu, wenn er vor seinem Modell steht «wie Papi vor Sohnemanns Modelleisenbahn».

Auf ganz ähnlicher Wellenlänge sendet Volkmanns Berufskollege John Hormann, den IBM in Böblingen schon vor Jahren zum Querdenken angeworben hatte und der zur Zeit freischaffend als Berater für das EXPO-2000-Themenprojekt «Zukunft der Arbeit» wirkt. Gegenüber *tempo* erklärte er, für ihn sei es ganz normal, ab und zu seine vom Hirn ausgeströmten Thetawellen zu messen, da diese Aussagen über die Intuition erlaubten. Dies komme wiederum seinen querdenkerischen Fähigkeiten zugute. Um sich fürs Querdenken fit zu halten, macht er alles – ob Reinkarnationstherapie oder Urlaub bei den Hopi-Indianern.

Der Querdenker erhält auch in der Gedankenwelt der Unternehmensberaterin Gertrud Höhler den Zuschlag. Sie fordert «Toleranz für Querdenker». Geht es um taugliche Konzepte für die wirtschaftliche Zukunft Deutschlands, dann hat auch sie den Braten gerochen. In auflagenstarken Werken wie «Wettspiele der Macht» oder «Spielregeln für Sieger» macht die durch die American-Express-Affäre bekannt gewordene Literaturwissenschaftlerin den Duckmäusern und Leisetretern Beine und mächtig Zunder. Unbändig ruft sie nach dem «Feuerkopf des Kreativen», dem «ungeduldigen Fragesteller», den «Warnern und Zögerern», eben dem «schöpferischen Unruhestifter», der «gegen die herrschenden Systeme» andenkt und selbstverständlich «quer» zu ihnen «divergentes Denken» leistet.

Feuer und Flamme ist sie für den «kreativen Kopf», der sich «aus den Paragraphendschungeln seine Reibungswärme» holt – egal, ob ihn die Teamkollegen dabei «zuweilen kindlich, naiv oder tollkühn finden». Überhaupt muß bei Höhler vieles «reibungsfroh» sein: das Verhältnis von Wirtschaft und Politik zum Beispiel und auch der «Feuerkopf» selbst, den sie sich nur «zündelnd» vorstellen kann, der aber sein Lächeln selbst dann nicht verlieren sollte, wenn er in Brand gerät. Gertrud Höhler mag keine halben Sachen. Wenn sie ihre berufliche Aufgabe darin sieht, der verschlafenen Managerwelt ordentlich den Marsch zu blasen, dann darf nicht weiter verwundern, daß sie sich auch in ihrer Freizeit einer Beschäftigung verschreibt, die sich fugenlos in ihre methodische Lebensführung schmiegt: zwar nicht, wie man tippen könnte, dem verzückten Spiel auf der Standpauke, sondern, viel standesgemäßer, dem auf der Querflöte.

«Lächeln Sie mal wieder!» muntert sie die muffigen Wirtschaftsführer auf und rät zum sonnigen Gemüt als Erfolgsrezept. Der lächelnde Topmanager ist ihr die «Zentralfigur der Zukunft», denn «lachende Manager haben mehr Lösungsenergie». «Wer lacht oder lächelt», tremoliert sie, «holt die anderen in sein Boot, dessen Segel auf Heiterkeit stehen. Wer das Lachen pflegt, sorgt für Anschlußeffekte auch im eigenen Organismus: Körpereigene Opiate werden ausgeschüttet, sie betäuben Schmerzen und versetzen den Lachenden in Hochstimmung.» «Lachen macht fit» ist ihre Losung und Moral. Schenkelklopfend und zwerchfellerbebend soll es also wirtschaftlich wieder aufwärtsgehen, und weil Lachen gesund ist, werden Gertrud Höhlers frohe Ideen schon in die Tat umgesetzt: Wie in der *Wirtschaftswoche* Anfang 1997 zu erfahren war, habe man der Kreativität halber beim Filmhersteller Kodak jetzt tatsächlich einen sogenannten «Humorraum» eingerichtet – «voller Spielzeug, Bücher und Videos».

In Anwesenheit des Querdenkers gerät Gertrud Höhler ganz aus dem Häuschen, sie fühlt sich gut, sogar «ein bißchen hellhöriger, durchblickender, gewandter, wagemutiger». «Konspiratives Glück» empfinde auch der «intelligente Manager» in seinem Beisein – und mit ihm die ob ihrer eigenen Sprechblasen stark überhitzte Germanistikprofessorin, denn durch konsequentes Querdenken werde sich «das eigene Minderwertigkeitsgefühl in Überlegenheit verwandeln». Das eigene Überlegenheitsgefühl bezieht die permanent rhetorisch Schiffbruch erleidende Concierge querer Gedankengebäude offenkundig durch die unerreichte Technik, in einem einmaligen Aufwasch pseudowissenschaftliche Trivialitäten zur Unternehmensführung wiederzukäuen. In einer nicht erreichten Melange werden diese sodann mit Chic und Chichi und dazu leicht aufbereiteter Lebenshilfe-Psychologie nach *Brigitte*-Rezeptur gewürzt, um sie dann zu guter Letzt mit einer schwer genießbaren «Komm, sag es allen weiter!»-Esoterik zu verwursten, wie sie sibyllinischer nicht daherkommen könnte.

Ehrensache, daß auch ein weiß-blaues Bankhaus in solcher Nachbarschaft nicht fehlen mag: die *Bayerische Hypotheken- und Wechselbank* in München, wo Bank-Oberhaupt Eberhard Martini Querdenken zur Chefsache gemacht hat und keine Kosten scheut, innerhalb seiner «Kempfenhausener Gespräche» «über den Tellerrand zu blicken» und «die Bereitschaft zum Querdenken» zu fördern. Ein luxuriöser Musentempel am Starnberger See wurde zu diesem Zweck für alle werktagsscheuen Freigeister akquiriert, der – wie es

sich gehört, mit querer zeitgenössischer Kunst ausstaffiert –
seither als «unangepaßter Ort» die «widersprüchlichen
Bedingungen menschlichen Seins» versinnbildliche. Ins
gleiche Horn bläst Kunstprofessor Kurt Weidemann, seit
Edzard Reuters Tagen teilzeitlich in Brot und Ehren bei
Daimler-Benz in Stuttgart. «Ich bin sozusagen der Pausenclown bei Daimler-Benz», wurde der Unternehmensberater von *tempo* zitiert, «ich bin einer, der sich nicht rundlutschen läßt» und der «dafür bezahlt» wird, «unbequem zu
sein». Wenn dann noch Daniel Goeudevert darüber offenherzig Auskunft erteilt, daß der Querdenker «nicht unbedingt regelmäßig arbeitet», «sondern vielmehr emotional
und in Energieschüben», dann wird deutlich, worin bei
dieser neuen Beschäftigung das große Plus liegt.

Unbequeme und andere Rebellen

Die schräge Sinnesart manifestiert sich indessen nicht nur
unter der so auffälligen Deckadresse des Querdenkers. Es
ist vielmehr sein typisches Merkmal, sich in die unterschiedlichsten Gewänder zu hüllen, von denen das prominenteste sicherlich dasjenige des «Unbequemen» ist: Zwar
ist der Unbequeme schon etwas älter als sein kleiner Bruder, der Querdenker, dennoch treibt auch er gerade in den
letzten Jahren wieder vermehrt seine wilden Blüten. Hatte
Eckhard Henscheid in seiner Kollektion unter dem Titel
«Erledigte Fälle» bereits von Luise Rinser berichten dürfen,
die sich im Selbsturteil eigenmächtig zeihte, stets als «unbequeme Mahnerin» und «geborene Rebellin» gewirkt zu haben, so scheinen dieser Tage selbsternannte Unbequeme
abermals wie Pilze aus dem Boden zu schießen.

Mit aufgepflanztem Bajonett feurig fuchtelnd, treten
auch hier Einzelkämpfer auf die Planche, die keiner erwar-

tet hätte. CDU-Nachwuchspolitiker Klaus Escher ist das fleischgewordene Beispiel dafür, daß die Junge Union nicht länger dafür zu halten ist, was bisher allgemeines Gutdünken war: nämlich ein weitfederndes Karrieresprungbrett für Nachwuchs-Ehrgeizlinge und ideologische Musterschüler, die opportunistische Jugendorganisation einer staatstragenden Partei, die noch zu Wendezeiten mit dem eindeutigen Slogan «Einsteigen statt Aussteigen» auf Mitgliederfang ging.

Escher legte sich schon in seiner ersten Rede als neugewählter Bundesvorsitzender der Jungen Union kämpferisch ins Zeug und forderte heißblütig, er und die Junge Union müßten, ganz klar, «unbequem» sein. In den Tagen vor dem Bonner Parteitag der Union hatte er 1994 forsch angemahnt, dieser werde lediglich zu einer «eintägigen Krönungsmesse für den Kanzler» werden. Als wenn er es geahnt hätte, hat dem Koblenzer die Majestätsbeleidigung beim Kanzler zwar zunächst Donnergrollen, doch rasch schon die erhoffte Sympathie eingetragen. Es ist zu lesen, daß Kohl den jungen Mann seither über die Maßen schätzt und ihn gerne in seinem Dienstzimmer empfängt. Wie die *Welt* in Erfahrung gebracht haben will, begrüßt der Bundeskanzler den jungen Christdemokraten dort zumeist mit der kumpelhaften Grußformel «Na, Oberhäuptling, schaffste was?» und hat ihn fest ins Herz geschlossen.

«Wir sind unbequem», sagt auch Vera Lengsfeld im *ZEIT-Magazin* über sich und die abtrünnigen Ex-Bündnis-90-Grünen, nachdem sie Anfang 1997 in die Partei Helmut Kohls gewechselt war. Auch Boris Jelzin ist unbequem, wie seine «Aufzeichnungen eines Unbequemen» dem deutschen Lesepublikum verraten. Dickschädeligkeit als Weltanschauung im öffentlich-rechtlichen Fernsehen wollte auch NDR-Intendant Jobst Plog schon bei seiner Amtsübernahme verankert wissen. Dem *Rheinischen Merkur* vertraute er an, daß er seinen Sender als Festung von «Liberalität, Weltoffenheit, Neugier und Unbequemlichkeit» verstanden wissen wolle. Dichter Reiner Kunze willigt ein und garniert seine 1993 veröffentlichten Interviews tendenziös mit dem elektrisierenden Titel «Begehrte, unbequeme Freiheit». Von gleichsam seraphischer Ästhetik zeugt das Exempel des Gummersbacher Personal- und Unternehmensberaters Jochen Kienbaum. Der *Süddeutschen Zeitung* diktierte der finanzkräftige Magnat in die Feder, er wolle es wie sein Vater halten, dessen herausragende Tugend es stets gewesen sei, möglichst «unbequem» zu sein.

Der gewitzte Politiker Heiner Geißler darf für sich beanspruchen, das geistige Urgestein inmitten dieser Beerenauslese des Widerborstigen zu sein. Wenn er die Grundwerte seiner Partei interpretiert, dann nicht etwa im traditionellen, füg- und sittsamen Sinn. Für ihn steht das «C» der CDU plötzlich für «Provokation, Ärgernis; es ist unbequem, Herausforderung, Stein des Anstoßes». Dementsprechend heißt das Buch, in welches er diesen Gedanken hineingeschrieben hat, «Zugluft», und der grübelnde Interessent freut sich recht schnell über das Aha-Erlebnis, daß diese nur dem ins Gesicht bläst, der sich gegen den Wind stellt. «Das Abenteuer beginnt schon», vertraut er seinen Lesern in seinem Büchlein über das Bergsteigen an, «wenn man bereit ist, die häusliche Bequemlichkeit gegen einen ungewissen und vielleicht unbequemen Schlafplatz zu tauschen.»

«Ich gebe zu», sagt Geißler, «im Inneren war ich immer ein Protestler.» Als solcher ist er einer der oszillierendsten und daher um so unbegreiflicheren politischen «Unbequemen» *(Die ZEIT),* die recht gerne für ein «Bildnis eines Politikers und immergrünen Querdenkers» Modell stehen dürfen, zumal, wenn Porträtisten wie Konrad Adam von der *Frankfurter Allgemeinen Zeitung* zum Pinsel greifen. Wie kaum ein anderer hat Geißler seit langem unbeanstandet im

Mäntelchen des Bilderstürmers in der deutschen Presse- und Medienlandschaft zu paradieren verstanden, wird von dieser unentwegt und zu seinem offenkundigen Gefallen mit allen möglichen Etiketten des Queren belegt und sonnt sich in diesem Wonnebad wie Diogenes vor seinem Faß.
Dabei ist er keinesfalls ein geborener Überzeugungstäter, der den methodisch verinnerlichten Nonkonformismus gewissermaßen mit der Muttermilch eingesogen hätte, sondern – und hier erschließt sich eine weitere, sehr verbreitete Eigenart der Querdenker von Franz Alt bis Kurt Biedenkopf – ein Konvertierter, ein Renegat. Geißler nämlich wechselte erst just in dem Moment ins Lager der Querdenker über, als ihn sein Kanzler und Parteivorsitzender, der ihn ehedem nicht nur in höchste Ämter hievte, sondern ihn dort gar zwölf lange Jahre nach Lust und Laune fuhrwerken ließ, aus seinem engsten Kreis verstoßen hatte. Es spricht für die Geistesgaben des Jesuitenzöglings, diese rüde Abfuhr rechtzeitig und dann wie aus lang gehegter Überzeugung heraus zu seinem Damaskuserlebnis gekürt zu haben. Als mit dem Saulus kein Staat mehr zu machen war, nahm er den Glauben des Paulus an: Der Mann, der danach und bis heute eine komplett ausgewechselte Image-Strategie fährt und selbstbewußt und frei nach der Devise «Wissen ist Macht, Unwissen ist Ohnmacht» für eine Werbung des neuen Brockhaus-Lexikons sein fliehendes Profil in die Kamera reckt, wußte in diesem Fall genau, wie. Vom bissigen Hund an Kohls zusehends kürzer werdenden Kette mutierte er rechtzeitig, bevor er vollends abgeschossen wurde, zum Querdenker und schlechten Gewissen der CDU. Daß die Öffentlichkeit ihm die Spitzkehre durchgehen ließ, könnte als Anzeichen eines insuffizienten kollektiven Kurzzeitgedächtnisses interpretiert werden. Andere mögen darin den Anhaltspunkt für eine gewachsene öffentliche Kultur des Verzeihens erspähen – man erinnere sich an seine

kernigen Parolen wie «Freiheit statt Sozialismus» oder auch jene stramme These, wonach erst der Pazifismus Auschwitz möglich gemacht habe.

Wie Heiner Geißler möchte auch Kurt Vawra sein, ein vielleicht zu Unrecht der breiten Öffentlichkeit bislang vorenthaltener Parteigänger der Bewegung. Er verbrachte bislang 45 Lebensjahre hinter Schloß und Riegel und fand zuletzt in der Singener Senioren-Haftanstalt ein Unterkommen. In *S-Zett*, dem TV-Magazin der *Süddeutschen Zeitung*, maulte der rüstige Gewaltverbrecher den Reportern ins Mikrophon, für ihn spräche immerhin die Tatsache, daß er «ein unbequemer Gefangener» sei. Unbequeme aber sitzen nicht nur hinter Gittern, auch die deutsche Strafverfolgung ist längst infiziert. Ein besonderes Schmankerl hält die *Bundesarbeitsgemeinschaft kritischer Polizistinnen und Polizisten (Hamburger Signal) e. V.* bereit. Hier verbirgt sich unter dem eindeutigen Titel UNBEQU^{E}M nicht etwa eine Anleitung zur fachgerechten Ausführung des Polizeigriffes, sondern ein vierteljährlich erscheinendes berufsständisches Organ, in dem sich die Ordnungshüter des Staates über ihre Erfahrungen aus dem Berufsalltag austauschen.

Querdenker ermitteln also gern verdeckt, zu unterschiedlichen Zeiten in ganz unterschiedlichen Garderoben, am liebsten in derjenigen des Unbequemen. Immer öfter aber ist auf den Laufstegen der Dissidenz das Büßergewand des Häretikers der letzte Schrei der Couturiers: Nach Uta Ranke-Heinemanns und Günther Anders' «Ketzereien» hat auch Julius Hackethal sein Gesicht mit Asche beschmiert, über den «Wahn, der mich beglückt», geschrieben und sein Werk kühn mit «Karriere und Ketzerei eines Arztes» untertitelt. Ihm steht Rupert Lay in seinem jüngsten Buch «Ketzer, Dogmen, Denkverbote, Christ sein heute» in nichts nach, und vom sächsisch-anhaltinischen Ministerpräsidenten Reinhart Höppner weiß man seit seiner letzten Publikation, daß «Segeln gegen den Wind» ihm erste Aufgabe und Menschenpflicht ist. Damit aber nicht genug. Die Autoren-Fotografin Anita Schiffer-Fuchs setzt im Januar 1997 ihre Mitbürger ins Befinden, daß es um sie gleichfalls subversiv bestellt sei. Sie zählt sich kurzerhand zur Gruppe der «Parias» und lieferte im *Börsenblatt* den schwierigen und daher um so wertvolleren Beweis, daß man heute auch schon bilderknipsend zur selbsternannten «Querulantin» werden kann. Über ihre «Partisanenmentalität» informierte weiland selbst Margarete Schreinemakers die erstaunte Öffentlichkeit, höchstwahrscheinlich musikalisch untermalt von den Gesängen der Steirer Volksmusik-Combo «Alpenrebellen» («Ho-La-Di-Je-I-Di»), die laut Pressetext ihrer Plattenfirma schon beim Auftritt in Karl Moiks ansonsten unverfänglichem «Musikantenstadl» «kein Blatt vor den Mund genommen» habe.

Roger Willemsen hat in seinem Buch «Kopf oder Adler» schon 1990 in dankenswerter Weise eine fein bestückte Anthologie einiger besonders «braver Rabatzkis» an die Oberfläche gebracht, die dem geneigten Connaisseur nicht vorenthalten sein sollen. So fehlen noch: Franz Xaver Kroetz als «dieser sperrige, verrückte Hund, der Kroetz», Horst-Eberhard Richter als «suspekte ödipale Reizfigur», Heiner Müller als «Neger», Herbert Achternbusch als «Gastarbeiter», dem man versucht «das Handwerk zu legen», Daniel Cohn-Bendit als «Paria» und sogar «Bastard» und schließlich Margarethe von Trotta als «Rebellin, die schon immer rebellisch gewesen ist».

Unter verschiedenen Nomenklaturen hat sich über die Jahre hinweg ein weiterer Querdenker und geistig ebenbürtiger Emissär des Unangepaßten hervorgetan: Konstantin Amadeus Wecker. Die Fülle seiner unermüdlichen Wortmeldungen ließen es mehr als nur unredlich erscheinen, diesen Frontkämpfer der Bewegung hier schnöde zu unterschlagen. Weil er einer der Hartnäckigsten und Unbeirrbarsten in der Branche ist, gebührt auch ihm ein Ehrenplatz in der Loge der Aufrechten. Wecker rechtfertigt diese Position, wenn es sein muß, täglich aufs neue, zumal wenn sich mindestens eine Kamera oder ein Mikrophon in seiner Reichweite befinden. Seine Methode ist bewährt: den für ihn in der Bonner Republik zweifelsfrei obwaltenden Obskurantismus des Systems durch das virtuose Wiederholen vor allem dreier Verbalingredienzen zu knacken, aus denen sich sein verqueres Denken speist. Mit Fliegescher Anmut formuliert er bittere Wahrheiten: «Wann können wir Menschen einsehen, daß wir nicht so perfekt sind, wie wir es von anderen erwarten?» Dazu kommt der in ähnlich festgelegter Häufigkeit erfolgende Hinweis, es handle sich bei ihm um einen «lauten Ankläger», «Mißstände anprangernden Nonkonformisten» oder neuerdings gar um einen «Herdplattenanfasser». Und schließlich folgt noch sein ebenfalls stereotyp offenbartes chronisches Drogenleiden, wie er es in seinen «Ketzerbriefen eines Süchtigen» weidlich auswalzt.

Weckers Sanges- und Dichtkunst, der man von seinen ersten «sadopoetischen Gesängen» aus dem Jahr 1972 bis zu seiner aktuellen CD «Gamsig» lauschen kann, setzt sich weit vom Feld des Durchschnittlichen ab, geht es darum, Berührungsängste noch mit der abgewetztesten Widerstandsmetapher abzulegen, wie er sie in seine Lyrik wieder und wieder verarbeitet: «Ich bin ein Baum. Wende mich lieber der Sonne zu. Liebende lehnen sich an mich, wenn sie hilflos sind. Ich wechsle die Farbe, den Namen, die Form, aber nie den Sinn. Und habe eine kräftige Stimme gegen den Wind.» Gegen was auch sonst. «Ich will die Feigheit brennen sehn. Man muß sich wehrn, solang man kann. Denn wer sich fügt, der fängt bereits ganz insgeheim zu lügen an.» «A Revoluzzer müaßt ma sei, dann war der Ärger schnei vorbei, aba wer macht si scho die Plog und revoluzzt den ganzn Dog.»

Auch formal scheren ihn Konventionen wenig. Karl Forster berichtete in der *Süddeutschen Zeitung*, daß Wecker während seiner musikalischen Darbietungen gerne auch einmal zu Unzeiten manche Taste seines Flügels trifft und seine Band ab und zu heftig um die vom Boß angepeilte Tonart kämpfen muß. Doch das hat Methode und scheint Teil seines rebellischen Habitus zu sein. «Ich möchte weiter widerstehen und weiter verwundbar sein», bringt er gegenüber dem *Stern* seine Vorbildfunktion für junge Leute auf den Punkt. Daß es, wie Richter Sonnabend in seiner so einfühlsam-bedauernden Schlußansprache von Weckers Drogenprozeß resümierte, für eine Bewährung einfach «nicht gereicht» habe, könnte sich für Wecker letztlich als Gewinn erweisen, denn seine Fans werden sich vermutlich spätestens am Entlassungstag ihres Idols auf eine CD mit Widerstandsgesängen freuen dürfen, die alles Dagewesene an aufschreiender Protestpoetik in den Schatten stellt.

Unter den Aktenzeichen «Revoluzzer» und «Verrückter» rangiert ein weiterer rhapsodierender Rabauke des Standhaften, dem wie den meisten anderen seiner Zunft der Wesenszug eignet, nicht ohne weiteres als solcher erkannt zu werden und womöglich ein Leben lang inkognito zu verbringen: der im deutschen Sprachraum hoch respektierte und beliebte Unterhaltungskünstler Udo Jürgens. Auch er, sonst eher hervorgetreten durch seifigen Schmus und gefällig-berechnendes Showbusiness, hat in der Vergangenheit zur Überraschung aller höchst obstinate Zeichen gesetzt. In einem Interview anläßlich des Erscheinens seiner CD «Gestern-Heute-Morgen» zu seinen musikalischen Zukunftsplänen befragt, war es – wie es sich für einen Querdenker gehört – sein innigstes Bestreben, sich gegen zeitgemäße Strömungen abzusetzen: «Nur tote Fische schwimmen mit dem Strom, ist ein bekannter Spruch. Da würde ich ganz gerne auch mal gegen den Strom schwimmen. Ich glaube, wenn alle Leute in ein Horn blasen, muß man versuchen, eine Geige zu zupfen und irgendwann auch mal konträre Dinge zu probieren.» Ohne puterrot zu werden, sieht sich der Entertainer als einen Menschen, «den ich beinahe schon ein wenig bewundere für diese vielen Aktivitäten».

Schon in seiner pünktlich zum Sechzigsten erschienenen Autobiographie «...unterm Smoking Gänsehaut», in der er aus seinem «herrlich-verrückten Leben in einer schrecklich verrückten Welt» erzählen will, verlautbarte er im Duktus aufsässigster Bockbeinigkeit: «Fast alle großen Rock- und Popstars haben sich an der Gesellschaft gerieben, haben mit ihren Tönen versucht, die Welt ein bißchen menschlicher zu machen... Nur im Gegenwind heben Vögel und Flugzeuge ab... Aber ich möchte wenigstens ein kleiner Mosaikstein sein, zu jenem Relief beitragen, das aus den positiv denkenden, freien und kritischen Kräften einer Gesellschaft zusammengesetzt ist.»

Ohne «Gegenwind» macht es keiner, auch Udo nicht, der «Revoluzzer-Opa», wie er sich gerne nennt. Wogegen wehrt sich der Schlagersänger so heftig? Gegen seine jährlich größer werdende Fangemeinde, pluralistisch zusammengesetzt aus allen Lagern unserer Gesellschaft? Wohl kaum. Denn es dürfte sich schwerlich ein Medienstar finden lassen, der seine Anhängerschaft wahlloser als Udo Jürgens zusammentrommelte: ob arm, ob reich, links oder rechts, acht oder achtzig, Mann oder Frau. Aber wogegen dann?

Mit windschnittigen Sätzen wie «Ich zweifle an der Allmacht Gottes, der ja dann auch verantwortlich sein müßte für die fürchterlichen Ereignisse in Belgien, die Kriegsgreuel in Jugoslawien oder den entsetzlichen Tod der kleinen Nicole» hat sich Jürgens auf Dauer einen komfortablen Platz an der Tafelrunde der Beckmesser gesichert. Zur aufrechten charakterlichen Unverbiegbarkeit des Tonkünstlers gehört es auch, seine CDs unter dem idealtypischen Querdenker-Titel «Zärtliche Chaoten» zu verkaufen oder asbesthaltige Sätze von sich zu geben, die gut und gerne auch aus Flieges Oberstübchen gepurzelt sein könnten und davon künden, wo ihn der Hafer sticht: «Vielleicht gibt es einen Tag, an dem Gewehre, Kanonen, Maschinenpistolen und Revolver mal eingeschmolzen werden und vielleicht Gitarrensaiten und Musikinstrumente daraus gemacht werden.» Natürlich liegt der Plexiglaspianist aus Klagenfurt damit kalkuliert richtig, und hoffentlich wird es seinem Gefolge noch vergönnt sein, den Tag zu erleben, an dem der «Clown und bekennende Narr» ein symphonisches Heer metallischer Tongeräte zu einem Stahlbad der Musik verzaubert.

Clowns und junge Wilde

Verglichen mit diesen und anderen Metamorphosen, die der von unerschütterlichen Prinzipien getriebene Querdenker gerne durchläuft, ist die Maske des «Clowns» vielleicht die oppressivste und geschmacklich verwegenste, die eleganteste und zugleich perfideste Camouflage, der sich unterzieht, wer besonders nachhaltig sein Nichteinverständnis mit allem Etablierten erklären will. Die Quelle seines Gebarens ist das Wissen um das Vertrauen, welches die vorgegaukelte kindliche Naivität und Dummheit erweckt. Diese entpuppt sich bei näherem Betrachten jedoch als eine hintergründige, der Erwachsenenwelt weit überlegene Weisheit. Gerade diese Weisheit ist es, mit der der Clown sein Spiel treibt, bei dem er immerzu als Sieger die Manege verläßt. Der Clown entpuppt sich also als wissender und natürlich stets tabubrechender Narr.

Neben Udo Jürgens steht für diese Psychomechanik das ewig jugendliche Beispiel Harald Juhnkes, jenes «deutschen Sinatras», der mit seiner bislang letzten Plattenproduktion in der Geschichte des deutschen Deviationismus neue Akzente setzte. Als «Querdenker» outete er sich in einem Interview des *Bayerischen Rundfunks* anläßlich der Verleihung des «Karl-Valentin-Ordens» schon im Oktober 1993. Doch eigentlich will er «Clown sein». So zumindest lautet seine bislang letzte CD aus dem Jahr 1992, die ihrer Vorgängerin mit dem wiederum schmissig querdenkerischen Titel «Barfuß oder Lackschuh» eindrucksvoll nachfolgte. «Clown sein» wollte aber bislang in seinem künstlerischen Wirken von Heinz Rühmann, über Hanns-Dieter Hüsch bis zu Heinz Schenk noch fast jeder, der am Querdenker-Sein noch nicht genug hatte.

«Clown sein» will, wer darüber hinaus noch die ungebremst verströmte Rührseligkeit des «traurigen Pierrots», also jenes kollektiv verspürte Schwerstmitleid einheimsen will, das aus unerfindlichen Gründen solche Figuren wie der «dumme August» – oder was sonst die Kinder im Zirkus zum Gähnen bringt – bei erwachsenen Menschen auszulösen vermögen. Daß dabei die Grenzüberschreitung zum blanken Kitsch nach Hummelscher Kullertränen-Romantik riskiert wird, stört die Protagonisten wenig. Im Gegenteil gilt wahrscheinlich eben diese Gratwanderung in der Branche als besonders quer.

Die allerjüngste Maskerade des «Querdenkers» ist jedoch nicht die Clownsglatze, sondern diejenige, besondere Verwegenheit suggerierende des «jungen Wilden». Zwar ist der Terminus etymologisch im Urnebel seiner Entstehung nicht mehr zu verorten, feststehen dürfte allerdings, daß er schon recht früh – auch als «Neue Wilde» – in Kreisen der Künstlerszene um Georg Baselitz, Markus Lüpertz und Jörg Immendorff strategisch besetzt wurde, bevor er seinen Siegeszug durch den Medienwald antreten konnte. RTL2 startete eine Filmreihe unter diesem Etikett, die Nachwuchsfilmer-Szene um Regisseure wie Sönke Wortmann oder Detlev Buck, Schauspielerinnen wie Heike Makatsch, Jung-Intendanten wie Leander Haußmann oder Jungkicker wie Mehmet Scholl wurden bald mit diesem Ehrentitel genauso bedacht wie Tenniscrack Carlos Moya nebst Kollegin Martina Hingis.

Der sprachliche Gebrauch der «jungen Wilden» veranschaulicht en passant eine weitere Eigenheit des Querdenker-Prädikats. Je häufiger die Anwendung, desto unschärfer und großzügiger sind die Kriterien, aufgrund deren das Etikett verpaßt wird. Anfang 1997 etwa ging jene erlesene Ansammlung windkanalerprobter Unionsnachwuchskräfte mit erkennbarer Neigung zum «Rossini»-Lebensstil wie Günter Oettinger, Christian Wulff, Ole von Beust, Peter Müller und Roland Koch als die «jungen Wilden» in die Annalen ein, als die Diskussion um die Steuerreform-Pläne Theo Waigels für innerparteiliche Karrieristen unverhofft die Gelegenheit eröffnete, sich feinfühlig und doch nachhaltig zu profilieren. Flankiert von einer günstig geneigten Presseöffentlichkeit gelang es, eine vollkommen alltägliche innerparteiliche Meinungsverschiedenheit zur Palastrevolution aufzubauschen, von deren Existenz ihre angeblichen Rädelsführer zuletzt am meisten überrascht waren. Wes Geistes Kind sie wirklich sind, ergab die weitere Entwicklung der Geschichte der «jungen Wilden». Aus den gleichen Karrieregründen, die sie mit dem berechnet-gewaltigen Marketing-Erfolg auf die Barrikaden gezwungen hatten, ließen sie sich wieder, wie der *SPIEGEL* schrieb, zu den «jungen Milden» domestizieren, als sie im März 1997 von einigen Parteioberen zur Disziplin gerufen wurden. Seither verlegen sich die Unionsjünger, die sich im Bedarfsfall als enfants terribles lieb Kind machen, auf das, was sie, wiederum laut *SPIEGEL*, schon immer gut konnten: «die Krawatte ordentlich zu binden und mit den richtigen Leuten Bier trinken zu gehen».

Sowohl der «Clown» als auch die «jungen Wilden» zeigen, in welcher Fülle und in welchem Phantasiereichtum der Querdenker aufzutreten vermag, ja auftreten muß: Denn es ist eine seiner überlebenswichtigen Prinzipien der Selbsterhaltung, stets darauf bedacht zu sein, daß der sorgfältig gehütete avantgardistische Außenseiternimbus und damit der ihm von seiner Psyche diktierte Abstand zur Legion auch noch der wohlmeinendsten Epigonen immerzu gewahrt bleibt. Allein aus diesem Grund ist das Phänomen zu beobachten, daß Querdenker in Vergangenheit und Gegenwart schnell nach einer neuen Position trachten, droht ihre insulare Minderheitenposition von einer wachsenden Anzahl Gleichgesinnter absorbiert zu werden.

Schon jetzt läßt sich dieses den Trendsettern der Massenindustrie abgeluchste Absetzmanöver studieren. Denn ein besonders windiger Zeitgenosse hat bereits den erbarmungslosen Trend erkannt und sich und seinen Nonkonformismus – zumindest für eine Weile – in Sicherheit gebracht: der Philosoph Peter Sloterdijk. Um sich von der kläffenden Meute abzusetzen, bedurfte es allerdings einer atemberaubenden Volte. Vom Nachrichtenmagazin *Focus* daraufhin befragt, warum man ihn einen Querdenker nenne, foppte er Interviewer und Leser zugleich – und antwortete dann ebenso ätherisch wie geistesgegenwärtig: «Eigentlich bin ich ein Längsdenker.» Daß der Querste von allen am Ende wieder längs wird, ist aber nicht die Erfindung Peter Sloterdijks, sondern diejenige seines existentialistischen Fachkollegen Hape Kerkeling. Lange vor Sloterdijk hatte der begriffen, daß es, um wahrlich quer zu sein,

Konformität zu plündern gilt, wo sie im Reinformat erstrahlt: bei Margot Hellwig oder Wim Thoelke.

Auch in diesem Sinn muß das quere Credo Irene Fröhlichs verstanden werden. Die grüne Fraktionschefin im Kieler Landtag, die laut *tageszeitung* «bei ihrer Ministerpräsidentin Hautunreinheiten und bei der eigenen Partei Kopfweh» verursacht, ist bekennende Querdenkerin, wenn sie ihre politische Standortbestimmung mit eigenwilligen Vergleichen aus der Tierwelt vornimmt: «In der Biologie ist der Spatz der Generalist», sagt sie, «also das heißt: so 'n Lebewesen, das sich überall zurechtfindet, auch unglaublich gut angepaßt ist an seine Umgebung, gute Überlebenstechniken hat. Politisch gesprochen heißt es, daß ich ganz großen Spaß daran habe, quer zu denken.» Angepaßt zu sein und quer zu denken scheint nicht länger ein Paradox, sondern die logische Konsequenz querer Denkungsart.

Wo alles quertreibt, bleibt dem Querdenker nichts anderes übrig, als wieder längs zu denken, will er seinen Anspruch nach unverkennbarer Distinktion nicht aufgeben. Damit aber entsteht eine gefährliche Situation, die das Verhältnis konform–nonkonform problematisch werden läßt. Wenn plötzlich die Mehrheit dem Konformen den Kampf ansagt, wird das Szenario verwirrend. Dann nämlich gerät der traditionelle Anpasser in numerische Unterlegenheit und besetzt damit plötzlich die Rolle, die vor ihm noch der Querkopf innehatte. Es entstünde eine Schieflage, in der plötzlich zum Abweichler gerät, wer zeitlebens leisetretender Radfahrer war. Durch Sloterdijks Bemerkung erschließt sich ein weiteres Problem: Woran ist zukünftig der immer schon konforme Mensch von einem Querdenker zu unterscheiden, der zum Längsdenker wurde, weil ihn dazu sein unstillbares Bedürfnis zur Dissidenz inmitten der neuen Mehrheit der Diviationisten gezwungen hat?

«Querdenker», «Unbequeme» und andere «Rebellen»

reklamieren für sich, sich einer großen sozialen Sanktionsgefahr auszusetzen. Der Begriff des Querdenkers impliziert die Möglichkeit, durch kritisches Denken oder Handeln auf äußeren Widerstand zu stoßen. Das liegt auf der Hand. Was denn wäre an einem Denken noch «quer», was an einem Handeln «unbequem», wenn sich reihum nichts anderes als nickende Zustimmung einstellte? Wenn dem aber so ist: Legt dann nicht die Konjunktur des Querdenkertums und der Unbequemlichkeit den Schluß nahe, daß wir heute – nach langen Jahren buckelnder Anpassung und eines schnöden Konformismus – das Glück haben, endlich eine stattliche Zahl kritischer, wirklich mündiger Menschen unsere Mitbürger nennen zu dürfen? Deutet die Zeichen richtig, wer aus ihnen schließt, Deutschland befände sich auf dem späten Weg zu einer Zivilrepublik, die ihr kritisches Potential nicht länger unterdrückt, sondern es endlich politisch, sozial oder sonstwie produktiv nutzbar macht? Sollte er endlich wahr werden, der Wunschtraum vom echten politischen Gemeinwesen, wie ihn von Aristoteles bis Hannah Arendt so viele schon geträumt haben?

II Die Penetranz der Devianz

«Die Revolutionäre sind in der Mehrzahl Feinde von Zucht und schwerer Arbeit. Es gibt auch Naturen, deren Sinn für Gerechtigkeit sich angesichts des geforderten Preises empört, den sie für ungeheuerlich hoch, abscheulich, grausam, für erniedrigend, blutsaugerisch und unerträglich halten. Das sind die Fanatiker. Alle anderen Rebellen gegen die Gesellschaften treibt die Eitelkeit, die Mutter edler und niedriger Hirngespinste, die Gefährtin der Dichter, der Weltverbesserer, der Scharlatane, Propheten und Brandstifter.»

Joseph Conrad,
Der Geheimagent, 1907

Es ist in unseren Tagen keinesfalls so eingerichtet, als stünde es ausschließlich im Belieben des einzelnen, sich den Titel eines Querdenkers – ob aus innerer Überzeugung oder sonstwelchen Motivationslagen – eigenständig zuzuschustern. Quasi spiegelbildlich zu den Selbsternennungen hinter verschlossenen Türen ist das Querdenkertum fast immer auch Resultat einer scheinbar von unsichtbarer Hand gelenkten PR-Offensive der Massenmedien, die sich heutzutage längst als Herren und Richter inthronisieren, geht es um Rechte, Lizenzen und um die Vergabe der begehrten Attribute. Zum Querdenker wird nur stilisiert, wer Verbündete in den Reihen der Journalisten und Verleger auf seiner Seite weiß. Und es zeigt sich: Das wichtigste Kapital, mit dem die Medienwelt zu wuchern in der Lage ist, ist der in diesen Zeiten großzügige und ausladende Gebrauch jenes Titels.

Der Querdenker ist heute neben dem körperbewußten, solariumgebräunten Erlebnisfanatiker oder dem erfolgreichen Manager-Dandy mit Hand am Handy zum mächtigsten gesellschaftlichen Persönlichkeitsideal der Gegenwart avanciert. Dieses Schicksal hat er ganz wesentlich den vielfältigen Meinungsmachern der deutschen Öffentlichkeit zu verdanken. Nicht nur, daß die Zahl selbsternannter Überzeugungstäter sprunghaft in die Höhe geschnellt ist, sondern daß die Medien in ihrer Verleihpraxis reichhaltigen Gebrauch von der exquisiten und moralisch zugkräftigen Bezeichnung machen, scheint die Behauptung zu untermauern.

Zum Vorschein gelangt dieses neue Ideal schon in der noch kurzen Wortgeschichte des Querdenkers. Wie das Mannheimer Institut für deutsche Sprache eruieren konnte, sind der «Querkopf», der «Querulant» und der «Quertreiber» sprachgeschichtlich noch eindeutig negativ behaftete Vokabeln für nonkonformistische Täter. Mit dem «Querdenker» tritt jedoch ein Bedeutungsumschwung im Sprachgebrauch des «Queren» vom Pejorativen zum klar Positiven ein. Vom *Duden* seit 1991 enzyklopädisch erfaßt, ist der Querdenker «jemand, der eigenständig und originell denkt und dessen Ideen und Ansichten oft nicht verstanden oder akzeptiert werden». Rolf Strauchs *Werbelexikon* von 1997 kennt den Querdenker schon als «kreativen Menschen, der bereichs-, branchen- und gruppenübergreifend zu denken und zu folgern vermag».

Der Querdenker als Medienstar

Mit Händen nahezu greifbar wird das Querdenker-Ideal jedoch erst, wenn entweder Instanzen des öffentlichen Lebens Feierstunden und andere stimmungsvolle Andachten zeremonieren, um verdienten Zeitgenossen und ihren Werken zu huldigen oder sich Rundfunk, Fernsehen und

Presse dieser Aufgabe annehmen. Weil bei diesen Ehrungen gewöhnlich Texte einer rhetorischen Gattung vorgetragen werden, die bestrebt sind, zu würdigen, zu feiern oder zu danken, indem sie die Größe des Verdienten beschwören, werden gerade bei derartigen Anlässen zeitgenössische Gesellschaftsideale sichtbar. Diese Ideale unterscheiden sich dadurch von anderen, daß sie die seltene Qualität allgemeingültiger gesellschaftlicher Verbindlichkeit garantieren.

Wer also nach plausiblen Anhaltspunkten für das neue Gesellschaftsideal fahndet, sucht diese am besten dort auf, wo gleich viererlei betrieben wird: die journalistisch gefeierte Preisverleihung, der öffentlich begangene Geburtstag, die ebenso zelebrierte Verabschiedung oder auch, als der letztmögliche Initiationsritus, der Nachruf auf eine prominente Person des öffentlichen Lebens. Die gesellschaftlich eingeübte Praxis offenbart, daß solche Anlässe in nahezu allen Fällen den höchsten Ehrungen gleichkommen, die die Öffentlichkeit vorzunehmen hat. Der mit der Ehrung Versehene nämlich wird hinaufgehoben in die Nähe der hehrsten Ideale, die das weltliche Wertesystem unserer Demokratie bereithält, ja er wird im besten Fall zu Sinnbild und Personifikation eines Wertideals schlechthin.

Bei öffentlichen Preisverleihungen, in denen geehrt wird, wer sich in irgendeiner Weise um das Wohl der Allgemeinheit verdient gemacht hat, findet sich denn auch rasch die verbale Adelung nicht etwa zum engagierten, gewissenhaften oder fleißigen Mitbürger, sondern eben zum quer denkenden Zeitgenossen. Wegen ihres nahezu heiligsprechenden Effekts wiegt diese Auszeichnung stets mehr als das Aushändigen von Medaillen oder Urkunden. Für Bundestagsvizepräsident Burkhard Hirsch war es daher gar keine Frage, seine höchste Anerkennung gegenüber dem Preisträger des Kurt-Tucholsky-Preises 1996, Heribert

Prantl, in seiner Laudatio alliterierend in die Worttriole «unerschrocken und unbequem» zu kleiden. Fabrikant Ludwig Bölkow erhält den «Mentor-Preis» und von der *Stuttgarter Zeitung* obendrein und lobhudelnd die Bezeichnung «alter Querdenker». Das erinnert zugleich an die legendäre Vergabe des Theodor-Heuss-Preises an Inge und Walter Jens im Jahre 1988, als Hildegard Hamm-Brücher in den wärmsten Gefühlen der Verbundenheit schwelgte und ihr Weihelied von dem geehrten Paar als «unbequemen Mahnern aufgeklärten Denkens» zum Vortrag brachte.

Ganz ähnlich verhält es sich bei öffentlich begangenen Geburtstagen – und abgeschwächt auch bei festlichen Verabschiedungen alt- bzw. ausgedienter prominenter Männer und Frauen. Auch hier ist das schmeichelhafteste, die größte Wertschätzung ausdrückende Glückwunschtelegramm dasjenige, welches dem Jubilar pauschal bescheinigt, daß dieser seine zurückliegenden Tage in erster Linie aufbockend verbracht hat.

So herrschte unter dem Gros der offiziellen Gratulanten anläßlich des 85. Geburtstages von Inge Meysel genauso schlagende Einigkeit darüber, daß die Jubilarin seit Bestehen als zuverlässige «Querdenkerin» figuriert habe, wie in den Redaktionsstuben des *Evangelischen Pressedienstes* über den Sachverhalt, daß Hildegard Hamm-Brücher zum 75. Wiegenfest die beiden Verdienstplaketten «unbequem» und «Einzelkämpferin» zu überantworten seien. Der Tübinger Philosoph Robert Spaemann erfährt zum Siebzigsten von der *Süddeutschen Zeitung* seine späte Rehabilitierung als «widerspenstiger Christ»; Gerhard Zwerenz wurde zum Siebzigsten vom *Neuen Deutschland* als «Rebell auf Dauer» gefeiert; «unbequem», «eigenwillig» und «schwierig» gilt Regisseur Rudolf Noelte der *Deutschen Presse-Agentur* zum 75. Jubelfest. Rita Süssmuth wird sechzig und fürs *Handelsblatt* damit zur «unbequemen Mitstreiterin» Helmut Kohls. Erhard Eppler erscheint dem Nomos-Verlag im siebzigsten Lebensjahr derart «Glaubwürdig und Unbequem», daß eine Festschrift unter diesem Titel angestrengt wurde. Am anderen Ende des politischen Spektrums würdigte die *Süddeutsche Zeitung* Herbert Hupka am Tag seines 75. Geburtstages als «unbequemen Vertriebenenpolitiker», und Ex-Bertelsmann-Chef Reinhard Mohn bekam aus gleichem Anlaß vom *Stern* sogar den «Vor- und Querdenker» verpaßt.

Joseph von Westphalen glaubt in seinen Betrachtungen, eine Systematik in der Verleihpraxis zu erkennen. Seiner Ansicht nach fängt die von den Gratulanten strapazierte Unbequemlichkeit in aller Regel mit dem sechzigsten Geburtstag an. «Mit jedem Jahrzehnt nimmt die von den Rednern behauptete Unbequemlichkeit zu», stellt er fest. Wie wild entschlossen die öffentliche Praxis dieser Faustregel folgt, verdeutlicht das Beispiel des CDU-Rechtsaußen Alfred Dregger: *Interpress*, der Hamburger *Internationale biographische Pressedienst*, wünschte dem CDU-Hardliner 1990 anläßlich seines 70. Geburtstags mit einem Artikel alles Gute, der tatsächlich mit «Unverändert unbequem» überschrieben war und in dem der stramme Nationalkonservative als «Querdenker» bezeichnet wurde, «der Alleingänge wagt und sich niemals gescheut hat zu sagen, ‹was viele denken›». Um das Portrait abzurunden, zitierte der Pressedienst sogar die Gattin Dagmar Dregger: «Der ist gut und groß und schön gewachsen. Er hat einen aufrechten Gang, den manche arrogant finden.»

Dasselbe Phänomen läßt sich studieren, wenn sich ein altgedienter Mitbürger zum Rückzug aus dem Berufsleben, der Politik oder sonstigen verdienstvollen Beschäftigungen entscheidet und ihm ein öffentlicher Abschied in den Ruhestand zuteil wird. Peter Glotz, der nach 26 Jahren von der SPD-Bühne abtrat, hat in einer Frequenz wie wohl keiner vor ihm den «Querdenker» ausgestellt bekommen, Kurt Sontheimer wird pünktlich zur Emeritierung von der *Süddeutschen Zeitung* mit einem zweifachen «unbequemen Mahner» belegt, und selbst dem Stuttgarter Ex-Oberbürgermeister Manfred Rommel wurde er um den Hals gehängt, als er 1996 demissionierte.

In Sturzbächen prasseln die wohlmeinenden Adelungen über die Kandidaten hernieder, sind diese bereits verblichen und gilt es, Werk und Person posthum zu belobigen – mit Pomp, Pathos und allem, was Glorie hat. Hier auch kommt die größte Authentizität in der Vergabe der Titel zum Ausdruck, denn im Angesicht des Todes ist ernste Ehrlichkeit und Wahrheitstreue das Gebot der Stunde. Die zumeist schnell zusammengeflickten journalistischen Elegien, die dann über die Verstorbenen ausgegossen werden, zeichnen sich durchweg dadurch aus, daß sie in derselben Tonlage angestimmt werden und aus stets denselben Versatzstücken komponiert sind. Bei SPD-Politiker Harry Ristock ist genauso wie bei Dirigent Sergio Celibidache nach einigem Kramen in der Asservatenkammer der öffentlichen Trauerkultur schnell der «unbequeme Querdenker» zur Hand, beim verstorbenen Philosophen Yeshayahu Leibowitz zieht die *Frankfurter Rundschau* den «scharfzüngigen Querdenker» aus der Schublade, und für den polnischen Filmemacher Krzysztof Kieslowski klaubt wiederum die *Deutsche Presse-Agentur* den «Unruhestifter des polnischen Films» aus der Wühlkiste des Kondolenzjournalismus. Daß dabei irgendwann jeder Maßstab obsolet wird, illustriert die journalistische Handhabe des Ablebens von Ex-DFB-Präsident Hermann Neuberger, den die *Stuttgarter Zeitung* seinerzeit tatsächlich zum «unbequemen Regisseur des deutschen Fußballs» ernannte.

Die empirische Anschauung bringt nicht minder Erstaunliches ans Tageslicht, geht es um die Frage, welches

Milieu und welche Berufsgruppe der Nachwelt als die zu Lebzeiten ungestümste und aufbäumendste erscheint. Hier erweist sich als uneinnehmbare Festung des Querdenkens das kulturprotestantische Milieu, vornehmlich das der lutherischen Kirche. Im Falle weiblichen Geschlechts, kombiniert mit feministischer Lebenseinstellung, kann es dabei zur Freisetzung eines explosiven Gemischs kommen, wie es in Person von Antje Vollmer oder Dorothee Sölle für das Gemeinwesen schwerverdauliche Folgen haben kann. Das gilt auch für ihre männlichen Konfessionsgenossen: Glaubt der aufmerksame Zeitungsleser, was er allmorgendlich aufgetischt bekommt, dann drängt sich der Eindruck auf, daß couragierte Geistliche dieser Tage – womöglich von den Rädelsführern Fliege und Hahne befeuert – an allen Fronten in Stellung gehen. Die *Frankfurter Allgemeine* würdigt den verstorbenen Altbischof Hans-Otto Wölber als einen «aufrechten Kirchenmann und unbequemen Mahner», die *Stuttgarter Zeitung* den verschiedenen Bischof Kurt Scharf als «einen unbequemen Mahner für den Frieden», die *ZEIT* – der Franz Kamphaus, Bischof von Limburg, schon zu Lebzeiten als «Querdenker in seiner Kirche» gilt – den verstorbenen Altbischof Gottfried Forck als «unbequem und unerschrocken», die *Tagesschau* schließlich den ebenfalls verstorbenen Präses Peter Beier als «Querdenker», wobei die *WELT* durch ein besonderes Bonmot den Beweis antritt, daß sich Querdenker untereinander nicht unbedingt grün sein müssen: Das Blatt schrieb, daß der an einem Herzinfarkt verstorbene Beier sich «noch Stunden vor seinem Tod» ausgerechnet «mit der Frage gequält» habe, wie gegen Fliege «disziplinarisch vorgegangen werden solle».

Die Würdigung als Querdenker gilt jedoch zusehends auch Persönlichkeiten, die länger schon das Zeitliche gesegnet haben oder bereits vergangenen Epochen angehören.

Auch hier ist zu beobachten, daß augenscheinlich ein öffentliches Nachholbedürfnis besteht, diejenigen in den Pantheon zu überführen, denen dies allzulang verwehrt war. So hat Ludwig Harig in seiner Biographie Jean-Jacques Rousseau als Querdenker rehabilitiert. Glaubt man Buchautor Donald W. Blohowiaks Schrift «Querdenker an der langen Leine», erscheinen schon Edison, Einstein oder da Vinci als frühe Exponenten der Spezies, und nach einem aktuellen Erbauungsbuch für den Konfirmandenunterricht zu urteilen, muß bereits Jesus von Nazareth in seiner Eigenschaft als «Querdenker Gottes» auf den Plan getreten sein.

In all diesen Würdigungen tritt unverhohlen der offizielle ethische Wertmaßstab zu Tage, der die Gegenwart regiert. Er drückt sich gerade in den Zusammenhängen, in denen der Ernst der Umstände zur Ehrlichkeit gemahnt, in nichts zu vermissender Deutlichkeit aus. Mit den Spielarten der öffentlichen Ehrung innerlich verwandt sind jedoch auch jene Formen des publizistischen Diskurses, in denen der Querdenker zum Ideal erklärt wird, ohne daß er explizit eine Ehrung erfährt. Bei näherem Hinsehen wird deutlich, daß es sich auch hier um Orte handelt, an denen gleichfalls wahre Gottesdienste gefeiert werden. Dies trifft dann zu, wenn etwa der *Mitteldeutsche Rundfunk* Querdenker zu Wort kommen läßt: Im ARD-Politmagazin *Fakt* wird hin und wieder ein «Querkopf» präsentiert, der exemplarisch das Gute und Wahre inmitten einer Welt verkörpert, die ansonsten ausschließlich angefüllt zu sein scheint mit schwer entsorgbarem Rinderwahn und kontaminierten Giftmüllfässern.

Dokumentar- und Magazinprogramme werden ebenfalls zu huldigenden Festakten, wenn der *Westdeutsche Rundfunk* in seiner Serie «Querdenker» verdiente Ökologen und Innovateure auszeichnet. Vom gleichen Gedanken getragen ist die Idee, die die «Zukunftsredaktion» des *Südwest-*

funks unter der Leitung des esoterisch schwer durchgerüttelten Querdenker-Ayatollahs Franz Alt bewogen hat, ihrerseits mit «Querdenker» auf Sendung zu gehen. Fiktional setzt sich die ARD-Vorabendserie «Gegen den Wind» quotensicher zwischen alle Stühle und erhebt das nonkonformistische Leben zum identifikationsfähigen Lebensentwurf, während man beim *Sender Freies Berlin* spielerischer dem Problem begegnet und qualifizierte «Querdenker» in *Radio B 2* innerhalb eines unterhaltenden Hörspiels belohnt. In Form ihrer Kolumne «Gegen den Strich», in der «Widerborstiges, das dem Zeitgeist Kontra gibt», zu Wort kommt, gibt die *Süddeutsche Zeitung* ihr Scherflein dazu. In der sogenannten *IQ-2000*-Kolumne im selben Blatt sind schließlich ebenfalls «Querdenker» aufgerufen, «ihre persönliche Meinung» zu äußern.

Derlei Zeitungs- und Medienkolumnen kommt im kritisch-aufgeklärten Zeitalter eine herausragende Bedeutung zu. Es ist zu vermuten, daß sie in nicht allzu ferner Zeit heißumkämpfte Klatschspalten, wie etwa die der *Münchner Abendzeitung*, an Attraktivität überrunden. Der Tag dürfte kein ferner mehr sein, an dem Helmut Dietls *Kir-Royal*-Figur des Klebstoff-Fabrikanten Haftenlohner nicht länger Boulevardreporter bestechen muß, um in die Schlagzeilen zu kommen, sondern deswegen bei den Feuilletons großer deutscher Tageszeitungen vorstellig wird.

Wie der öffentliche Glückwunsch, der Nachruf oder die Kolumne eignet sich auch das journalistische Genre des Porträts – das in den allermeisten Fällen als Eloge angelegt ist –, um auf die euphemistisch-idealisierende Qualität des Querdenkers hinzuweisen. Auch hier fällt zunächst auf, daß heute mit «unbequem» nicht mehr nur politische Köpfe vom Schlag etwa eines Rudi Dutschke gemeint sind oder, in abgeschwächter Form, Ausnahmekicker wie Günther Netzer auf dem Fußballplatz. Die Kategorien haben gewechselt, der Terminus hat – gerade was die politische Landschaft anbelangt – neue ungeahnte Bedeutungsebenen erklommen, deren Inhalte der aufmerksame Zeitzeuge fassungslos vernimmt.

Ausgerechnet die CDU scheint sich zur absoluten Querdenker-Partei gemausert zu haben, und auch gesamtgesellschaftlich läßt sich der Einbruch des Querdenkers in Lager beobachten, die er ehedem noch schmählich gemieden hätte. Kein Geringerer als der höchste Repräsentant des deutschen Volkes darf sich seit 1994 – damals wohl ob dieses unverhofften Triumphes die Becker-Faust ballend – in die Phalanx der Unbequemen einordnen: Er nämlich galt dem Autorengespann Manfred Bissinger und Hans-Ulrich Jörges offenbar als politisch derart kratzbürstig, daß es beide für angebracht hielten, ihn in ihrem Herzog-Buch unter dem Titel «Der unbequeme Präsident» zu präsentieren. Das Bundespräsidialamt erklärt sich einverstanden und verschickt seit Anfang 1997 «Zitate aus Reden und Interviews des Bundespräsidenten» unter dem Titel «Unbequeme Wahrheiten». Herzog scheue sich nicht, heißt es im Geleitwort, «gegen den Strom zu schwimmen», die «Finger in Wunden» zu legen und «Probleme unverhüllt» anzusprechen.

Die Dekorierung zum Unbequemen verblüfft, könnte der aufmerksame politische Rezipient doch eher zur Annahme neigen, das Staatsoberhaupt zeichne sich vornehmlich dadurch aus, in allen politischen Lagern wohlgelitten zu sein. Zwar mahnt und warnt er unermüdlich, nimmt wie in seiner Berliner Rede vom 26. April 1997 «kein Blatt vor den Mund», wirbt für die Familie und den Sozialstaat, für Tarifautonomie und Steuergerechtigkeit, für die «Wissensgesellschaft» und neue Visionen – zieht es in aller Regel jedoch vor, fernab von jeglicher inhaltlicher Konkretion zu verharren, so daß er bereits zu «everybody's darling», zum politischen Kuscheltier gewissermaßen avancierte. Zum Knuddeln gern haben ihn Volk, Parteien und Verbände gleichermaßen, er ist unumstritten und volkstümlich, schwimmt auf einer Welle der Sympathie, und es will nicht recht einleuchten, wo in Herzogs Tatkreis sein so unbequemer Charakterzug Spuren hinterlassen hat. Oder spielen Bissinger und Jörges mit ihrer Titelwahl auf Herzogs Zeit als Baden-Württembergs Innenminister an, als er es in dieser Funktion im Dezember 1982 für geboten hielt, seine Polizei für den Kampfeinsatz mit sogenannten Gummiwuchtgeschossen auszurüsten, um mißliebigen Demonstranten auf die Pelle zu rücken?

Traut man der Süssmuth-Biographie von Ursula Salentin über den Weg, so muß es um die nach ihren diversen Dienstwagen- und Privatreiseaffären rekonvaleszente Bundestagspräsidentin ganz ähnlich stehen. Auch die CDU-Politikerin, die via prophylaktisch angetäuschter Frauenbund-Naivität immer wieder aufs neue ihren Nichtangriffspakt mit der öffentlichen Meinung schließt, legt anscheinend ein Höchstmaß an pampiger Aufmüpfigkeit an den Tag – so viel, daß ihrer Autorin augenscheinlich nichts anderes übrigblieb, als schon im Vorwort kongenial draufloszueulogieren: «Für ihre Partei ist Rita Süssmuth oft unbequem. Die Querdenkerin stört, ihre Beharrlichkeit ist lästig. Ihr Nonkonformismus wirkt wie Sand im Getriebe.»

Es gibt weitere Beispiele, die den durch das Querdenkertum eingeläuteten säkularen Paradigmenwechsel belegen. Frappierend ist, daß sich zumeist staatstragende Unionspolitiker scheinbar aufführen, als habe man ihnen eine Prise Juckpulver in den Hemdkragen gekippt: Anticharisma Wolfgang Schäuble, auf den ersten Blick nicht gerade die Personifizierung eines Barrikadenstürmers, erscheint in der ansonsten ebenso einschläfernden Biographie von Ulrich Reitz als «liberal-konservativer Revolutionär», als «naßforsch», als «eingebaute Unruhe der Koalition», als «Intellektueller», der die «Verkrustungen der Gesellschaft» «anprangert». Das überrascht, hat die deutsche Nachkriegspolitik doch kaum eine beflissenere Figur hervorgebracht als den «Dienst nach Vorschrift»-Politiker aus Südbaden, dessen Politikverständnis ein einseitig protokollarisches ist. Seine gesamte politische Biographie zeugt in erster Linie von seinem einzigartigen Talent, wie Bernd Guggenberger einmal zuspitzte, jemals weder einer Minderheit angehört noch eine waghalsige innerparteiliche Gegenkandidatur riskiert zu haben.

Geistig ebenbürtige und ähnlich schwer zu verkraftende Fälle wie Ulf Fink, Kurt Biedenkopf oder der im Urteil der *Stuttgarter Zeitung* mit «unbequemer Streiter» anzuredende Kasernenhof-Politiker Gerhard Mayer-Vorfelder ließen sich anführen. Unerreicht bleibt jedoch derjenige Helmut Kohls. In ihrer Kohl-Biographie schießen die Fließband-Biographen der deutschen Publizistik, Werner Filmer und Heribert Schwan, den Vogel ab: als «Rotzigfrech» gilt da der behäbige Oggersheimer, ein «Rebell», gar ein «Raufbold» sei er gewesen. In der CDU der fünfziger Jahre hätten sich aufgebrachte Parteichargen mit dem Gedanken getragen, den aufständischen Helmut Kohl aus der Partei auszuschließen. «Schließlich sei er der Feind aller» gewesen, dieser «verdammte linke Kohl».

Auch in der Wirtschaft wird mit der Sorte querer Titel öffentlicher Tribut für geleistete Arbeit gezollt. Was konjunkturell nicht gern gesehen ist, gerinnt charakterlich zur wundervollen Tugend: die Tendenz zur Friktion. In ihrer Serie «Ökonomie heute» hat die *ZEIT* diesem Sachverhalt einmal mehr entsprochen und diesbezüglich schwer einholbare Maßstäbe gesetzt. Woche für Woche zauberte sie wie entfesselt einen Querdenker nach dem anderen aus dem volkswirtschaftlichen Hut und führte dadurch dem verblüfften Laien vor Augen, wieviel latente Renitenz es selbst in den Reihen professioneller und professoraler Manager und Nationalökonomen gibt. In der Reihenfolge ihres Erscheinens in dieser selten gesehenen Prozession volkswirtschaftlicher Frondeure treten auf: die Ökonomen Bruno Frey als «der Rebell», Peter Bofinger als «der Häretiker», Reinhard Selten als «der Revolutionär», Rudolf Hickel als «der Opponent», in kleineren Nebenrollen Winfried Vogt als «der Außenseiter», Herbert Hax als «der Grenzgänger» und Ernst Fehr als «der Sponti».

Damit ist das Feld abgesteckt, und auch das Unternehmertum, die deutsche Hochfinanz reiht sich soigniert und nadelgestreift wie selbstverständlich ein. Neben Rolf E. Breuer, der sich laut *managermagazin* vom Mai 1997 als «Einmischer» begreift, sei stellvertretend für sie nur der BDI-Vorsitzende und vom *Deutschen Allgemeinen Sonntagsblatt* zum «unbequemen Wirtschaftslobbyisten» veredelte Olaf Henkel erwähnt. Sie alle scheinen aus den alten Fronten des Klassenkampfs ausgebrochen zu sein: Aus den Ausbeutern von gestern sind die Revolutionäre von heute geworden. Die ernst klimpernde Geschäftigkeit des Akkumulierens ist, interpretiert man den Wandel richtig, einer uneigennützigen Aufopferung für die Sache der Entrechteten gewichen.

Ein applauswürdiges Schauspiel ist es, daß die deutsche Öffentlichkeit auch dort noch Querdenker bejubelt, wo diese von ihrem eigenen revolutionären Wirken gar nichts wissen. Es gibt nichts, was es nicht gibt: Arminia Bielefelds Ex-Torhüter Uli Stein, dessen Ghostwriter mit seiner Publikation «Halbzeit - Eine Bilanz ohne Deckung» havarierte, firmiert laut der *Frankfurter Allgemeinen Zeitung* genauso als Querdenker wie Paul Breitner im Urteil der *Süddeutschen Zeitung*. Als «unbequeme» Athletin im Presseecho krault Schwimmerin Dagmar Hase ihre Bahnen, als «unbequemer Spieler» dribbelt Bundesliga-Stiefkind Mario Basler auf dem grünen Rasen, posiert Nationallibero Matthias Sammer als provozierender «Firehead» für *adidas*. Seine unbeugsame Geisteshaltung hat ihm bereits den humorvollen Spitznamen «Motzki» eingetragen, der besonders aufreizend klingt, wird er süffisant vom spitzen Lispelschnäuzchen des *Sportschau*-Moderators Waldemar Hartmann ausgesprochen.

Die Medien sind jene Instanz, die in immer kürzeren Abständen immer mehr und immer entferntere Zeitgenossen mit den Etiketten der Nichtangepaßtheit versieht und für einen inflationären und stets idealisierenden Sprachgebrauch aller möglichen nonkonformistischen Attribute verantwortlich ist. Es ist jedoch ein mindestens genauso interessantes Stilprinzip der Querdenkerideologie, daß ihre ausgezeichneten Bannerträger sich nicht nur jenseits des Zaunes, in Politik, Wirtschaft oder Kirche befinden, sondern eben auch in den eigenen Reihen scharenweise aus denselben tanzen, also im Terrain des «kritischen» Journalismus selbst, seiner Protagonisten in Presse und Rundfunk, im holprigen Gelände des «kritischen» Theaters wie auch in dem von Kleinkunst und Kabarett. Das mag daran liegen, daß die Gesellschaftsgruppe, die Kritik zum Beruf erhoben hat, nicht nur unablässig die Verleihung nonkonformistischer Prädikate an verdiente Mitglieder der Bürgerschaft vornimmt, sondern sich ihr eigenes kritisches Tun dafür gerne auch entgelten läßt, indem sich ihre Vertreter die besagten Weihen unaufhörlich gegenseitig erteilen. Die journalistisch-«kritischen» Vertreter der Medienwelt vergeben also nicht nur die erwähnten Chargen, sie erhalten sie auch selbst umgekehrt proportional zur eigenen Verleihpraxis.

Im Falle der Journalistin Luc Jochimsen etwa nimmt die Kollegin von *Cosmopolitan* die Preisverleihung vor. Über das Oktoberheft 1993 dürfte die ARD-Studioleiterin in London Freudentränen verströmt haben. Dort wurde sie nicht nur unter der satten Überschrift «Die Unbequeme» porträtiert, sondern es wurde auch erwähnt, daß die «engagierten Beiträge» der «unbestechlichen Fernsehjournalistin» «vielen Konservativen mächtig gegen den Strich» gegangen seien. Wenn sie von ihrerseits «widerständigen» Kolleginnen wie Alice Schwarzer «ein widerständiges Leben» bescheinigt bekommt, dürfte es auch Marion Dönhoff warm ums Herz geworden sein. Karikaturisten wie Ernst Maria Lang dürften sich entspannt zurücklehnen, wird ihr Lebenswerk vom Hugendubel-Verlag unter «Karikaturen eines Unbequemen» subsumiert, wohingegen es Filmemachern wie Wolfgang Staudte, die erst posthum zum «unbequemen Moralisten» ernannt wurden, leider nicht mehr vergönnt ist, die kostbare Auszeichnung entgegenzunehmen. Ob schließlich Erich Fried mit der von der *Neuen Zürcher Zeitung* noch zu Lebzeiten zuerkannten Kennmarke «Störenfried» glücklich geworden ist, wird sein Geheimnis bleiben.

Neben dem Journalisten ist der im Kern natürlich in derselben kritischen Mission reisende Kabarettist vollends erst öffentlich etabliert, wenn die journalistische Öffentlichkeit auch ihm den Ritterschlag zum Querdenker verpaßt: Andreas Rebers und dem Wiener Günther Paal widerfuhr dieses Glück, beide dürfen sich dafür bei der *Münchner Abendzeitung* bedanken. Das gilt auch für Mario Adorf. Denn daß er seine Sache als Hauptdarsteller in «Tresko: Der Maulwurf» gut gemacht hatte, konnte er erst mit Gewißheit sagen, als in der Fernsehzeitschrift *rtv* zu lesen stand: «Heimspiel für Mario Adorf, dem die Rolle des unbequemen Querdenkers auf den Leib geschrieben ist.»

Querdenker verzweifelt gesucht

Um die Frage zu beantworten, warum Querdenker heute an allen Orten gefordert, erwünscht oder gar begehrt werden, sollte auch an ganz anderen Plätzen geforscht werden, etwa in der intimen Sphäre der Zwischenmenschlichkeit. Ist womöglich auch die Partnerwahl von dem Gedanken durchdrungen, sich auf einen Lebensgefährten von aufbegehrendem Geblüt zu verlegen?

Wer unverdächtige und gehaltvolle Beweise nach dem Persönlichkeitsideal unserer Tage sucht, schlage also vor allem am Wochenende die Zeitungen auf, dort, wo sie am interessantesten sind, weil sich hier einsame Herzen nach Liebe und Geborgenheit sehnen – bei den Kontaktanzeigen. Auch hier kommen alle Beteiligten auf denkbar direkte Art zur Sache, denn zu viel steht auf dem Spiel, als daß sprachliche Winkelzüge und Doppeldeutigkeiten am Platze wären. Geht es um die Partnerschaft, wird Tacheles geredet. «Ich suche Dich», steht in der *Süddeutschen Zeitung* zu lesen, «NR ohne Bart und Bauch. Einander nahe sein, gemeinsam unorthodoxe Wege suchen, lachen, querdenken... 3 Ki., 60, schlank. Bitte mit Konterfei.» Oder auf derselben Seite: «Frau sucht Mann. Eigentlich ganz einfach, aber er sollte Boccherini, Botticelli und Berlusconi unterscheiden können, den Squash-Schläger anders als den Kochlöffel schwingen. Zu anspruchsvoll? fragt sich w, 29, 176, 60, blond, aber nicht blöd, kreativ, wissenschaftlich, querdenkend und frech.» Nicht nur die prickelnde Welt der Erotik ist durchbraust vom Wunsch nach dem Querdenker, auch platonische Bande sind neuerdings quer geknüpft. In Baden-Baden treffen sich wöchentlich die «Querdenkerinnen» zum kontroversen Disput beim abendlichen Viertele, während andernorts noch ausgehoben wird: «Für unseren internationalen Blues-, Jazz-, Globetrotter- und Querdenker-Stammtisch suchen wir noch humorvolle, witzige und optimistische Gründungsmitglieder ohne Altersbegrenzung», druckte wiederum die *Süddeutsche Zeitung* in der Anzeigenrubrik «Verschiedenes».

Die quere Mode ist also keineswegs nur Privileg der jungen Generation. Recht häufig verbirgt sich gerade hinter blaßbeigem Rentner-Trevira nicht etwa pensionierte Gelassenheit, sondern flegelhafte Renitenz, die, wo immer sich die Gelegenheit bietet, nach Kräften dazwischenfunkt. Absonderliche Blüten treibt in diesen Tagen ein nationales Steckenpferd, das durch die Querdenker neuen Auftrieb bekommen hat. Nicht von Gartenhege und Kehrwoche ist die Rede, sondern von der interessanten Beschäftigung vieler betagter Mitbürger, die Justiz mit juristischem Kleinkram in Form von angezeigten Bagatellfällen zu überschütten und sich eins ins Fäustchen zu lachen, wenn diese die deutsche Richterschaft bis hinauf in höchste bundesgerichtliche Ebenen in Atem halten. Weil diese Betätigung jedoch vielerorts in zähem Übereifer betrieben wird und die Gerichte mittlerweile eine Lawine von juristischen Lappalien befürchten müssen, sah sich das Bundesverfassungsgericht Anfang 1997 gezwungen, mäßigend auf die erhitzten Geister einzuwirken. Besonders resistente Querdenker werden deshalb seither mit empfindlichen Mißbrauchsgebühren belegt, weigern sie sich, ihr inkommodierendes Tun zu unterlassen. Im Präzedenzfall hat das Bundesverfassungsgericht einem 69 Jahre alten pensionierten früheren Richter eine Mißbrauchsgebühr von 700 Mark aufgebrummt. Der Petent hatte im Autobahnstau gestanden und war, um schneller zur Ausfahrt zu gelangen, auf den Standstreifen ausgewichen. Wegen verkehrswidrigen Verhaltens war er zu einer Strafgebühr von 100 Mark verurteilt worden. Weil er jedoch nicht von seiner Überzeugung lassen wollte, sein Verhalten sei durch ein Verkehrsschild mit der Aufschrift

«Zur Ausfahrt rechts einordnen» gerechtfertigt gewesen, kämpfte er sich verbittert bis in die höchsten Instanzen. Er mußte bezahlen, weil das Gericht der Ansicht war, es habe verfassungsgemäß ausschließlich über Beschwerden zu befinden, die für das Staatsleben und insbesondere für die Grundrechtsverwirklichung des einzelnen von Bedeutung seien.

Der Wunsch nach dem Querdenker dominiert nicht nur den zwischenmenschlichen Bereich, sondern auch die Berufswelt. Er zählt hier längst zum Repertoire professioneller Personalvermittlungen, die für ihre Kunden «schlicht die Besten» wollen, und so kommt es, daß nach Querdenkern immer öfter auch via Stellenanzeigen gefahndet wird. «Führende Wirtschaftsunternehmen», wie zum Beispiel die *Franz Haniel & Cie. GmbH*, haben längst damit aufgehört, einfach nach tüchtigen oder fleißigen Mitarbeitern Ausschau zu halten. Heute hat man sich darauf verlegt, «Querdenker, Heißsporne, Überflieger und Dickbrettbohrer» anzuwerben, wie es aus einem Inserat störrisch herausschallt. In einem anderen steht zu lesen: «Wir suchen die Kandidaten für die Kür: intelligente junge Menschen mit Mut zum kreativen Querdenken, die Gutes in Frage stellen, wenn Besseres machbar scheint.» Und für all diejenigen, die noch die Schulbank drücken, hat die Firma MB-Spiele eine pädagogische Aufgabe übernommen: Unter dem Motto «Denkst Du quer – bist Du wer» hat sie das «Querdenker»-Spiel auf den Markt gebracht, ein «cleveres Ratespiel» für Leute ab 12, «die um die Ecke denken können».

Die Querdenker-Akademie

Ob liebeshungrige Singles oder erfolgreiche Unternehmer – alle favorisieren den Querdenker. Doch leider fehlt es allzuoft noch an den nötigen Rekrutierungsstellen, sprich: Kaderschmieden für ideologische Meuterer und Insurgenten. Immerhin, ein Anfang ist gemacht. Peter Kapfhammer, ein Mann des Marketings aus der bayerischen Provinz, der bereits leidlich eingeführte Erich J. Lejeune, unterstützt von Gertrud Höhler und dem Präsidenten des Deutschen Patentamtes, Erich Häußler, ließen sich nicht lange bitten und sprangen schon 1995 in die Bresche, um sich als Präzeptoren des queren Geistes der verantwortungsvollen Aufgabe anzunehmen, den so dringlich geforderten Menschentyp heranzuzüchten. Im niederbayerischen Eggenfelden sollte nach ihren Plänen bald schon die erste *Akademie für Innovation und Querdenken* ihre Pforten öffnen, ein Flaggschiff der geistigen Freibeuter, das jährlich achtzig Studenten zu Querköpfen ausbilden sollte. Man machte sich an die Arbeit.

Schon bald aber hatte der Eggenfeldener Stadtrat in Person des Abgeordneten Max Veicht die Avancen der Akademieplaner mit der Aufforderung beantwortet, man müsse «diese Burschen mit einem gewaltigen Fußtritt aus dieser Stadt hinausbefördern». Dabei hatte alles noch recht verheißungsvoll angefangen, waren doch anfangs der Bürgermeister von Eggenfelden, ein wackerer Sozialdemokrat namens Karl Riedler, und die Mehrheit des Gemeinderates von der Akademie-Idee ganz hingerissen gewesen – so angestachelt, daß sie im Juli 1994 beschlossen, für die Akademie ein ehemals gräfliches Anwesen zu erwerben und renovieren zu lassen, auf daß es die Querdenker auch recht schön und gemütlich hätten. Zu diesem Zweck nahm die Stadt Lejeunes Kompagnon Kapfhammer unter Vertrag, der sich für die Einrichtung der Querdenker-Hochschule das märchenhafte Honorar von 800 000 Mark ausbedungen hatte. Die Stadt Eggenfelden gewährte die Summe ohne viel Federlesens. Und Kapfhammer begann quer zu denken, wie die hochfliegenden Pläne in die Tat umzusetzen wären.

Aber alles noch so pfiffige Sinnieren sollte nichts helfen, das Projekt mußte ein Jahr später aufgegeben werden, denn es war Kapfhammer weder gelungen, die Bayerische Staatskanzlei für die mit 35 Millionen Mark veranschlagten Pläne der Querdenker zu begeistern noch irgendwelche sonstigen Investoren. Und das, obwohl Lejeune sogar angekündigt hatte, Franz Beckenbauer als Dozent für die Querdenker-Akademie gewinnen zu können. Im Juli 1995 wurde der Vertrag in beiderseitigem Einvernehmen aufgelöst.

«Mit Querdenken bin ich immer gut gefahren», sagt Lejeune, und auch Sozius Kapfhammer kann sich bis heute nicht beklagen: 200 000 Mark durfte er für die «bis heute erbrachten Leistungen» behalten. Auch sein Querdenken hatte sich gelohnt – obwohl im August 1996 die Staatsanwaltschaft bei der rebellischen Managerriege anklopfte, nachdem der *Bayerische Bund der Steuerzahler* Stadtrat und

Bürgermeister von Eggenfelden im Oktober 1995 angezeigt hatte und gegen beide Ermittlungen wegen des Verdachts der Untreue eingeleitet wurden. Zwar erging letztlich eine Abschlußverfügung, die die Beschuldigten entlastete, das gute Geld jedoch war nicht wieder in die Stadtkasse zu befördern. Nach solcherlei Querelen und schweren Geburtswehen haben die Wirtschaftskapitäne das Steuerruder wieder fest im Griff und lenken ihr Schiff nun scheinbar sicher durch die Untiefen der Steuerfahndung. Der anfängliche Schlingerkurs ist überstanden, und im September 1997 will die «IQ-Akademie» endlich ihren Lehrbetrieb im benachbarten Mariakirchen aufnehmen. Ziel des zweijährigen Studiums, für das Studiengebühren in Höhe von 36 000 Mark erhoben werden, ist der Abschluß zum «IQ-Manager of Business Innovation», wobei sich Lejeune zunächst durchaus auch das Berufsbild des «Managers für Innovation und Querdenken» vorstellen konnte.

Ein vorläufiger Höhepunkt in diesem rasenden Strudel des queren Sinnes war das erste «Event für Innovation und Querdenken» im November 1996 in Nürnberg. Wie arg es die unverzagten Führungskräfte trieben, darüber gibt schon ein flüchtiger Blick ins Kongreßprogramm Aufschluß. Nachdem am Eröffnungstag ab 10.00 Uhr «Mindwork im Plenum» geleistet wurde, war um 13.00 Uhr «Mittagsbuffet und allgemeine Unruhe» angesagt, bevor die kritischen Geister anderntags beim «Input Zapping: Dialog auf dem Marktplatz für die Avantgarde der Innovateure und Querdenker» erst so richtig losmachten. Der absolute Höhepunkt der Veranstaltung dürfte dann Referent George Penningtons Vortrag «Der Weg zum Querdenker» gewesen sein, wurde doch darin endlich das ideologische Rüstzeug dafür geliefert, wie man so erfolgreich wie Lejeune und Kapfhammer werden kann. Im April 1997 fand das bislang zweite «Innovent» im Hotel Pyramide in Fürth statt. Höhepunkt diesmal war zweifellos eine Podiumsdiskussion zum Thema «Wie die Ausbildungs- und Innovations-Kultur in Deutschland verbessert werden kann», zumal der im Programmblatt mit «Querdenker und Vordenker» doppelt ausgewiesene Heiner Geißler als Experte angekündigt war.

In ihren Schulungs- und Personalrekrutierungsaufgaben ist die Querdenker-Akademie glücklicherweise längst nicht mehr auf sich allein gestellt. Unter dem vor Originalität schwitzenden Slogan «Der Veranstalter warnt: Dieses Seminar gefährdet die Routine und verkrustete Strukturen jeglicher Öffentlichkeitsarbeit» bietet auch die *Euroforum Deutschland GmbH* ihre «Querdenker-Kurse für erfolgreiche Manager» an. Sogar die Provinz ist aufgewacht und räkelt sich schon: Die IHK Nordschwarzwald mit Sitz im badischen Pforzheim errichtete einen «Kreativkreis Zukunftsregion Schwarzwald» mit dem Ziel, «Querdenker und Etablierte zusammenzuführen». Allerorts werden Seminare angeboten, die zum Querdenker schulen und sich dies auch etwas kosten lassen. Stellvertretend für alle gesellschaftlichen Bereiche hat Günter Ogger jenes Seminar-Unwesen geschildert, das die zeitgenössische deutsche Wirtschaft heimgesucht hat. Seinen Angaben zufolge stekken bundesdeutsche Firmen jährlich zwischen 27 und 30 Milliarden Mark in die Fortbildung ihrer Mitarbeiter. Laut Ogger kassieren Veranstalter zwischen 3000 und 5000 Mark am Tag für ihre Tätigkeiten. Scharenweise pilgerten deutsche Manager «in Benimm- und Rhetorikkurse, lassen sich mal die linke, mal die rechte Gehirnhälfte trainieren, flüchten zur Meditation in Klöster, üben fernöstliche Kampftechniken und das nackte Überleben in der Lüneburger Heide...»

Die Lehrmittelindustrie tut das Ihrige dazu, denn das Hervorbringen von abweichlerischen Prinzipienreitern ist auch ihr innigstes Anliegen: Die *Frankfurter Studio- und Programmgesellschaft* verschachert Videokassetten zur Managerfortbildung mit so umstürzlerischen Titeln wie «Das Unbequeme ist erfolgreich»; Rudolf Gümbel bringt sein ökonomisches Fachbuch siegessicher mit dem Untertitel «Betriebswirtschaftslehre für Querdenker» auf den Markt; Dieter Urban bittet sich in seinem Werk «Chancen für Querdenker» aus – und will «mit dem Basisfaktor des Querdenkens», «mit emotionaler Intelligenz (EQ) zur alternativen Problemlösung» schreiten. Der amerikanische Marketing-Berater Jay Conrad Levinson schließlich weiß, daß wirtschaftlich heute nur noch besteht, wer im harten Markt frei nach der Darwinschen Devise vom «survival of the fittest» handelt – und macht sich für «Guerilla Marketing» stark.

Die Lage erlaubt keinen Zweifel – der Querdenker ist heute zu einer idealisierten Figur geworden. Sie offenbart zudem, daß der Querdenker nicht nur dazu taugt, ein zeitgenössisches Persönlichkeitsideal einer kleinen Elite abzugeben, sondern sich auch zu einem Wunschbild breiter Bevölkerungsschichten gewandelt hat, das seinerseits historisch ohne Beispiel ist. Der Querdenker ist aus seiner traditionellen Isolation herausgetreten und – zumindest nominell – zum identifikationsfähigen Entwurf individueller Lebensgestaltung geworden.

«Deviance sells»

Den Medien fällt in diesem Königreich der Aufmüpfigkeit eine entscheidende Rolle zu. Sie produzieren und reproduzieren unaufhörlich dieses Ideal und erweisen sich als nicht versiegender Quell, der es Tag für Tag nährt und am Leben erhält. Sie nehmen sich in unverdrossener Manier der schwierigen Aufgabe an, täglich seine Stilisierung zu leisten – mit staunenswerter Akrobatik bevorzugt, wenn Naturell und Charakter der Protagonisten dies eigentlich eher verhinderten. In der Welt der Werbung werden diese Mechanismen gehandelt wie eine neu erfundene Droge. Im Zeitalter des Querdenkertums reiten die Public-Relations-Agenturen auf der Devianzwelle und instrumentalisieren sie zum Psycho-Vehikel ihrer Verkaufsstrategien. Diesem Verhalten liegt offensichtlich die von der Marktforschung eruierte Erkenntnis zugrunde, daß sich heutzutage die nonkonformistische Attitüde tatsächlich in klingende Münze verwandeln läßt: «Deviance sells», schrieb die englische Tageszeitung *The Guardian* in einer Headline. «Daring to be different», so das Blatt, sei in Werbekreisen das ultimative Mantra der Zeit, geht es um Werbestrategien, die gerade auf junge Menschen zielen. Der Gebrauchswert eines Produktes steht schon lange nicht mehr im Mittelpunkt eines Werbefeldzuges, es ist die Erlebniswelt, von der das Produkt pars pro toto kündet. Diese wiederum ist heute zusammengesetzt aus einem puristischen Nonkonformismus, aus Exzentrik und Grenzüberschreitung, die als effektheischende Selbstläufer und zugleich als ästhetische Bankrotterklärung der zeitgemäßen Couture etwa in Calvin Kleins «new realism» in Form einer schmuddeligen Fixer- und Outcastästhetik zu ihrem peinlichen Ausdruck kommen. Im dänischen Frauenjournal *Damernes Verden* geht man ähnlich verwegen zu Werke und mit terroristischem Outfit für die modebewußte Dame auf Kundenfang. Auf sieben Seiten präsentierte das Magazin ein Mannequin, das, mit einem Megaphon bewaffnet, in Look und Haltung an Ulrike Meinhof erinnern sollte und diese mit dem Schriftzug «revolutionen moder» – was zu deutsch sowohl «Revolutionsmoden» als auch «Mutter der Revolution» heißt – posthum zur Mode-Ikone stilisierte.

Die Modebranche bedient nur, was sich gut verkauft. Ihre trend scouts wissen längst, daß sich das traditionell einseitige Verhältnis von Mainstream und subkultureller Underground-Exzentrik ins Gegenteil verkehrt hat. «Spätestens seit dem kommerziellen Erfolg der einstigen Independent-Band Nirvana präsentiert sich der Mainstream selbst als eine Minderheit», schrieb Wolfgang Farkas in der *Süddeutschen Zeitung*, «in Form von Konsumrebellentum innerhalb einer expandierenden Alternativszene oder als eine leistungsorientierte *one family* bei der Berliner *Love Parade*.»

Weil es nicht nur Ziel jeder Werbekampagne ist, die eigene Firmenidentität abzubilden, sondern auch, das öffentliche Prestige der Institution zu steigern, die Autor oder Auftraggeber des jeweiligen PR-Feldzugs ist, kommt es stets darauf an, Qualitäten herauszustreichen, die eine größtmögliche kollektive Sympathie gegenüber Produkt und Hersteller, Dienstleistung und Dienstleistern garantieren. Werbung funktioniert über Identifikation, und so läßt sich im Umkehrschluß an der Art der gewählten Werbestrategie ein kollektives Ideal ablesen, das den überwiegenden Teil der Mitglieder einer Gesellschaft fest im Griff hält. Nonkonformismus macht sich bezahlt, weil Querdenken – bewußt oder unbewußt – auf gesellschaftlichen «common sense», auf allgemeine Akzeptanz stößt. Verstärkend wirkt, daß sich die deviationistische Gebärde noch am ehesten eignet, so etwas wie einen «Choc» - wie Walter Benjamin es genannt hat – zu erzielen, also, neudeutsch gesprochen, eine größtmögliche «eye catcher»-Funktion auszuüben, wie dies zuletzt mit der Brechstange den «Benetton»-Werbeagenten gelungen ist.

Die größten Überraschungen in der kommerzialisierten öffentlichen Kommunikation liefern hierbei ausgerechnet Institutionen, die gemeinhin Konstanz, Berechenbarkeit und Geradlinigkeit suggerieren. Die Bayerische Hypotheken- und Wechsel-Bank reitet mit einem prototypischen Galopp voran. Sie trat in der Vergangenheit eigentlich weniger als Rebellennest in Erscheinung, weit eher doch durch bayerische Solidität und branchenübliche Unauffälligkeit. Das Bankhaus brachte dennoch eine Werbekampagne auf die Bahn, in der es sich unverblümt als Brutstätte des Partisanentums outete. Kulminationspunkt des gesamten Manövers war eine ganzseitige Werbeanzeige, abgedruckt in verschiedenen Magazinen und Illustrierten, in der sich drei Repräsentanten des Hauses dem Publikum als «Die Querdenker» vorstellten.

Der Werbebranche, die erfahrungsgemäß auf nichts so sehr setzt wie auf den Zeitgeist, fällt die schwierige Aufgabe zu, den entscheidenden Moment abzuwarten, in dem Kritik zum Zeitgeist wird. Nur dann funktioniert die Strategie: Die zum Slogan oder werbeträchtigen Schlagwort verpackte Kritik, wie sie das Bekenntnis der Hypo-Bank zum Querdenkertum darstellt, erscheint in diesem Moment zwar geradezu provozierend neu, ist tatsächlich aber schon längst allgemein akzeptiert. Das muß sie auch sein, sonst würde sie, statt werbetauglich zu sein, eher verschrecken. Die kritische Botschaft ist also in eine Phase eingetreten, in der sie ihr vormaliges Minderheitenstadium hinter sich gelassen und sich zum Teil des Zeitgeists gewandelt hat. So gelingt der kühne Schlag. Die Hypo-Bänker dürfen jetzt als aufbegehrende Querdenker im Robin-Hood-Kostüm erscheinen, als eine sich in aufopferungsvollem Kampf gegen die Tyrannei des Konventionellen aufbäumende Mannschaft von Unbequemen, ohne daß das Ganze mit Nonkonformismus auch nur das Geringste zu tun hätte. Denn quer zu denken, finden eigentlich alle gut; jeder beansprucht, Querdenker zu sein.

Max Goldt hat in seiner *Titanic*-Kolumne eine geistesverwandte Schurkerei beschrieben. Eine unverzeihliche Gemeinheit in seinen Augen sei die Art und Weise, wie Werbeagenturen gerade das gute alte Saxophon für ihre Zwecke in Beschlag nähmen. Das gebogene Blasinstrument gelte «als Inbegriff des Verrückten» und müsse immer dann herhalten, wenn ein Produkt – ob Haarspray, Deo oder Berufsanfänger-Konto – mit dem Mythos an den Mann gebracht werden soll, es gehöre einer Welt an, in der es irgendwie ziemlich «verrückt» zugeht. Das unschuldige Instrument wird dabei in nahezu allen Fällen von einem «schrill-quäkenden, barkeeperähnlichen, den Unterleib nach vorne stemmenden und manhattanhaft-energetischen Saxophonisten» malträtiert, daß es keine Freude ist.

Wo früher mit Slogans wie «Da weiß man, was man hat» oder «quadratisch, praktisch, gut» geworben wurde, kapriziert sich die Werbebranche heute mit Werbebotschaften der Nichtangepaßtheit. Von Wladimir Iljitsch Lenin, der in Kämpferpose für den neuen VW Golf Joker herhalten muß, bis zur «Revolution unter der Gürtellinie» für Männerunterhosen ist alles vertreten. Die R. J. Reynolds Tobacco GmbH in Köln, deutscher Ableger und Hersteller von «Camel Filters», hat sich – glaubt man ihrer Pressestelle – von der überkommenen «Taste the Adventure»-Strategie gelöst und setzt nun auf das Kamel als Werbeträger. Mit Sätzen wie «Hab' immer eine Camel für danach!», «Setz' Dich nicht auf Deine Camels!» oder «Werf' keine brennenden Camels aus dem Fenster!» versucht Reynolds eine Kurskorrektur des öffentlichen Images der Marke. Um den drohenden Niedergang auf dem Markt abzuwenden, vertraut Camel-Texter John Hackney für die Zukunft der Traditionszigarette auf Marktzuwachs durch Nonkonformismus, nach der Formel: «Camel ist eine querdenkerische, eigenständige Marke.»

Die Werbung orientiert sich an Superlativen, und so

dürfte es kaum verwundern, daß unter den Werbeagenturen eiserne Konkurrenz herrscht, wenn es gilt, ein Produkt über die Querdenker-Philosophie an den Mann zu bringen. Es kommt darauf an, den protegierten Werbeträger bzw. das eigene Produkt als besonders quer zu zeigen. Wohl von solch widerborstigem Wettbewerbsgeist entflammt, gelangte die Öffentlichkeitsabteilung des Freiburger Stadttheaters zu dem Schluß, daß es überaus verkaufsfördernd wäre, den Kabarettisten Matthias Deutschmann im Programm kurzerhand als «Deutschlands besten Querdenker» anzukündigen. Derart in die Ecke gedrängt, entschied sich der Hanser-Verlag, nationale Grenzen zu sprengen, und riskierte den innerabendländischen Vergleich: In einer Werbeanzeige pries er den Zukunftsforscher Robert Jungk als einen «Querdenker von europäischem Format». Wer ist der Weltmeister? Nicht mehr lange, und es wird irgendwo zu lesen sein.

*

Das Querdenkertum und der Kult des Unbequemen, obwohl Gebilde des Zeitgeists, stehen unverwüstlich im Strom der Zeit. Nichts auf Erden will auf ihr Ende deuten, denn es ist schließlich die öffentliche Meinung, die all das nicht etwa unter Schmerzen duldete, sondern vielmehr prämiert und damit die Entstehung vieler kleiner Unbequemer und Querdenker geradezu heraufbeschwört. Die Vergabe des Titels «Querdenker» hat heute je nach Gelegenheit den Charakter einer Krönungszeremonie oder einer Liebeserklärung angenommen. Mal ist er ein sportliches oder militärisches Rangabzeichen höchster Leistung, mal ein süßes Kosewort, aber in allen Fällen der maximale Orden «pour le mérite», nicht nur Lob, sondern sympathieheischende Schmeichelei und als solcher Ausdruck höchster Wertschätzung und Anerkennung, der den damit Bedachten zu höchsten Ehren gereichen soll.

Bei alledem hat es dann schon wieder seine quere Logik, daß das Gros der sich selbst preisenden Querdenker von sich behauptet, ein unbequemes, entbehrungsreiches Leben zu führen, das beschwerlicher und schmerzensreicher sei als die träge Existenz des Angepaßten. «Querdenker haben in den Unternehmenshierarchien noch immer ein schweres Leben. Man nimmt sie nicht ernst, ja belächelt sie sogar», meint Dieter Urban. Sein Kollege Erich J. Lejeune springt ihm zur Seite: «Querdenken oder gar Querreden wird als Quertreiberei und Querulantentum abgetan», sagt er. «Wie unsere Gesellschaft aber bis heute beschaffen ist, gelten Mahnungen und Warnungen als lästige Störung und Querdenkerei.» Auch Daniel Goeudevert stimmt ein ins Lied vom harten Los des Unbeugsamen: Gerade in Kreisen von Managern werde der Begriff «Querdenker» nur ungern gehört. «Für sie ist das schon fast ein Querulant, der ihre Kreise stört.» Und genauso weiß Heiner Geißler, daß «Zugluft» und nicht etwa «Rückenwind» dem Querdenker überall entgegenbläst.

Die Allmacht der Medien in der Proliferation des Querdenker-Ideals macht jedoch nicht vor den Haustüren der Lejeunes und Höhlers halt. Wer sich selbst zum Querdenker ernennt, weiß, mit welch kostbaren Lorbeeren er sich bekränzt. Sein Tun entpuppt sich als sich in die Brust werfendes Geltungsbedürfnis, inspiriert von einer der schlimmsten aller Todsünden, dem Hochmut, und ihrem nicht minder verwegenen Abkömmling, der Eitelkeit.

Im Falle der «Querdenker»-Titulatur liegt jedoch eine besonders schwere Entgleisung vor, weil die Art der Selbstverherrlichung eine besonders perfide ist. Noch jeder, der sich wegen angeblicher Schönheit, Reichtum oder Muskelkraft selbst auf die Schulter geklopft hat, hat sich im

Grunde aus einer recht profanen Motivlage heraus beweihräuchert. Der Querdenker aber überragt solche Naturen. Er verleiht sich Würde und heiligt sich selbst – wenn auch auf eine säkulare Art, indem er nichts Geringeres tut, als seinen Anspruch auf prinzipielle Überlegenheit anzumelden.

Bei solchen Vorzügen darf es nicht verwundern, daß auch die Spitzen der Politik nach dem Querdenker rufen und dieses Bedürfnis bereits engste persönliche Bindungen regiert, wo im harten politischen Tagesgeschäft noch Platz für Menschliches geblieben ist. Daß es dieser Tage absolut üblich ist, sich an der Seite eines profunden Querdenkers wiederzufinden, könnten bereits die zärtlichen Freundschaftbande führender Politiker zu Top-Querdenkern andeuten. Landläufig bekannt sind die innigen Verhältnisse, wie sie Rudolf Scharping und Konstantin Wecker pflegen oder Oskar Lafontaine und Peter Maffay. Eine kolportierte einstmalige «liaison dangereuse» Helmut Kohls mit Herbert Grönemeyer konnte vor Drucklegung dieser Ausführungen allerdings nicht mehr verifiziert werden.

III Rebellen ohne Risiko

> «Eitelkeit ist eine sehr verbreitete Eigenschaft, und vielleicht ist niemand ganz frei davon. Und in akademischen und Gelehrtenkreisen ist sie eine Art von Berufskrankheit. Aber gerade beim Gelehrten ist sie... relativ harmlos in dem Sinn: daß sie in aller Regel den wissenschaftlichen Betrieb nicht stört. Ganz anders beim Politiker. Er arbeitet mit dem Streben nach *Macht* als unvermeidlichem Mittel. «Machtinstinkt»... gehört daher in der Tat zu seinen ganz normalen Qualitäten. Die Sünde gegen den heiligen Geist seines Berufs aber beginnt da, wo dieses Machtstreben *unsachlich* und ein Gegenstand rein persönlicher Selbstberauschung wird, anstatt ausschließlich in den Dienst der ‹Sache› zu treten.»
>
> *Max Weber,*
> Politik als Beruf, 1919

Die Welt, in der der Parade-Querdenker lebt, ist keineswegs identisch mit den Nervenzentren der Protestmilieus jener sogenannten neuen sozialen Bewegungen, die im Gefolge der Achtundsechziger Revolte entstanden sind. Viel typischer für ihn ist es, sich in Räumen zu bewegen, die eher konservativen Lebensstilen zuzuschlagen sind und von der deutschen Protestwelle erst lange nach 1968 kolonialisiert wurden.

Einer Phänomenologie des Querdenkers stellen sich Schwierigkeiten in den Weg, weil er sich in einer zusehends ausdifferenzierten und dabei konturenlos werdenden Gesellschaft beinahe jeder soziologischen Einordnung entzieht. Über einen bestimmten Katalog typischer Merkmale ist er kaum mehr zu greifen. In einer Zeit, in der ein Lebensstil beim andern Anleihen macht, Szenen und Milieus wechseln und konkurrierende Lebensstile sich vervielfältigen, dabei doch immer ähnlicher werden, entgleitet das Vorhaben schnell den Händen, dem Querdenker kategorisierend auf die Spur zu kommen. Aber vielleicht ist ja gerade diese sich jedem Zugriff verweigernde Wendigkeit ein erstes Charaktermerkmal des Querdenkers.

Nach dem Ende des von den Achtundsechzigern verhängten Eleganzverbotes und nach einem langjährigen Ausflug in protestästhetische Konfektionsgarderoben ist er durchaus wieder in den Etagen gepflegter Herren- und Damenausstatter zu Hause. Mag sein, daß ihn mit dem direkten Abkömmling des traditionellen Protestmilieus noch die Wertschätzung moderner Kunst in öffentlichen Räumen verbindet, metallene Installationen an Schlüsselstellen städtebaulicher Architektur. Vielleicht auch zerstäuben sie beide allmorgendlich *Revolution* über den Körper, das zeitgemäße Parfum von *Debrés*. Doch eigentlich zeichnet sich der Querdenker dadurch aus, daß er sich nur noch einem sehr restringierten Dress-Code unterwirft und ikonographisch nicht mehr über den Leisten geschlagen werden kann, der noch für den Urprotestler paßte. Von Peter Handke bis zum Wetlook-Yuppie und Frankfurter Stadt-Querdenker Michel Friedman ist es tatsächlich ein langer Weg. Allenfalls über winzige Insignien des Queren, von Douglas Coupland eruierte sogenannte «Anti-Victim Devices», wie grellbunte Retro-Krawatten etwa oder kleine Modeaccessoires, die «auf der ansonsten konservativen Kleidung getragen» werden, «um die Welt darauf hinzuweisen, daß noch ein Funke Individualität in einem glimmt», macht der Querdenker seine Gesinnung augenfällig.

Der originäre Querdenker steht nicht mehr im «Hamburger Kessel», er sitzt längst an den Tischen der herrschenden Kultur. Ausnahmen bestätigen auch hier die Regel: Aber ob in Kleidungsgewohnheiten oder Gepflogenheiten des Warenkonsums – die Hautevolee ist sein Maßstab der Orientierung. Ob in den üblichen Tischsitten oder auch den gängigen Unsitten, wie dem schnurlosen Telefonieren im öffentlichen Raum – der Querdenker ist heute längst nicht mehr der eigenbrötlerische Eckensteher, sondern salonfähiger Teil des Juste-Milieus.

Der Jargon des Querdenkers

Weil sich jedoch vor allem seine Sprache als untrügliches Erbe seiner Gattung erhalten hat, in der sich der Querdenker offenbart, ist er habituell dennoch leicht auszumachen. Auch wenn seine «façon de parler» von Branche zu Branche, von Kreis zu Kreis unterschiedliche Färbungen annimmt, spielt der Querdenker stets auf der Klaviatur eines schrill tönenden Vokabulars. Er befleißigt sich in seinem Auftreten eines eigentümlichen Idioms, das sich sprachlich aus einer Phraseologie zu nähren scheint, wie sie irgendwo zwischen Dolf Sternbergers, Gerhard Storz' und Wilhelm E. Süskinds «Wörterbuch des Unmenschen» und dem von Klaus Bittermann und Gerhard Henschel herausgegebenen «Wörterbuch des Gutmenschen» dokumentiert wird. Unter diesen Jargon zwingt der Querdenker alle vorfindliche Realität und interpretiert die Welt über das Schema, das ihn regiert. Erst durch ihn gewinnt das Querdenkertum Gestalt. Daß «Worte und Sätze... ebensowohl Gärten wie Kerker» sein können, «in die wir, redend, uns selbst einsperren», verdirbt dem Querdenker jedoch keineswegs die Stimmung, und Sternbergers Warnung, daß «der Verderb der Sprache» auch «der Verderb des Menschen» sei, schlägt er ohne Not in den Wind.

Der Querdenker-Jargon ist der sportiv-kämpferische Sprachstil des Spiegelfechters, der von der inneren Überzeugung kündet, sich allein schon durch den formalen Hinweis auf allzeitige Einsatzbereitschaft zu qualifizieren. Stets dialektisch, mit Vorliebe für die fernliegendste der Alternativen votierend und immerzu den eigenen Untergang im furchtlosen Kampf für eine nicht sehr aussichtsreiche Sache in Kauf nehmend, repräsentiert er eine methodisch verinnerlichte Weltverneinung, die in ihren letzten Ursachen aus einer tiefen Frustration heraus gesteuert wird. Rein optisch betrachtet scheint bereits das «Q» im «Queren» ein Morphem dieses Jargons zu sein. Einzig das «Q» braucht einen vokalischen Helfer, um überhaupt in Erscheinung treten zu können. Als einziger Buchstabe des Alphabets bringt allein schon seine Typographie sein rebellisches Wesen zum Ausdruck. Der Strich am Bauch seiner runden Gestalt stört die Harmonie des Kreises. So gesehen ist es vom «Q» zum «Querdenker» nicht weit, der terminologisch bereits Teil des Jargons ist.

Wenn der Querdenker beim Aussprechen seiner Wahrheiten «aneckt», wenn er «querschießt», sich «querlegt» oder gar «in die Nesseln setzt», sich dabei jedoch nicht das Hinterteil, sondern «den Mund verbrennt», dann deswegen, weil er anders als die Anpasser «nicht mit den Wölfen heulen will». Der Querdenker will eben «unbequem» sein, «gegen den Strom» und «gegen den Strich» schwimmen bzw. bürsten. Wenn es dafür nötig sein sollte, sich «weit aus dem Fenster zu lehnen», dann macht das gar nichts, denn der Querdenker liebt es, «über den Tellerrand zu blikken» und seine «Scheuklappen» abzulegen. Weder paßt er in irgendwelche «Schubladen», noch läßt er sich in «Schablonen» pressen. Lieber «spinnt er mal rum», sagt etwas «mal ganz ketzerisch», «haut auf den Tisch», nimmt «kein Blatt vor den Mund» und «löckt wider den Stachel». Vor allen Dingen bricht er unentwegt «verkrustete Strukturen auf» und das stets mißliebige «Tabu» am besten gleich mit, die unverzichtbare «Vision» im Handgepäck. Das Funkeln in seinen Augen rührt von der Gewißheit her, daß «andersrum 'n Schuh draus wird». Den zieht er sich an und geht «zivilcouragiert», «aufrechten Gangs» und «Rückgrat beweisend» «einen Schritt weiter», «zeigt seine Hörner» und ist dabei stets «Stein des Anstoßes».

«In Deutschland wird ein Jargon der Eigentlichkeit gesprochen, mehr noch geschrieben, Kennmarke vergesellschafteten Erwähltseins, edel und anheimelnd in eins», stellte Theodor W. Adorno – paradoxerweise selber Begründer eines nicht minder grausamen Argots und als solcher selbst zum Papst vieler Querer geworden – vor über 30 Jahren fest. Daran scheint sich nichts geändert zu haben. Zwar haben die Protagonisten des Schauspiels gewechselt, doch Adornos Erkenntnisse lassen sich noch immer anwenden: Auch heute erstrecken sich die Sprachglossen dieses Jargons wieder «von der Philosophie und Theologie nicht bloß Evangelischer Akademien über die Pädagogik, über Volkshochschulen und Jugendbünde bis zur gehobenen Redeweise von Deputierten aus Wirtschaft und Verwaltung. Während er überfließt von der Prätention tiefen menschlichen Angerührtseins, ist er unterdessen so standardisiert wie die Welt, die er offiziell verneint; teils infolge seines Massenerfolgs, teils auch weil er seine Botschaft durch seine pure Beschaffenheit automatisch setzt und sie dadurch absperrt von der Erfahrung, die ihn beseelen soll.»

Der Jargon dominiert die quere Geistesart in einer Art und Weise, die alle Substanz auslöscht. Wie jeder Jargon hat er die soziale Funktion, abzugrenzen und Identität durch das Anderssein zu schaffen, die sprachliche, durch die Suggestionskraft allein des Nominalen den mangelhaften semantischen Gehalt zu verhüllen, und schließlich die sozialpsychologische, zu imponieren, Eindruck zu schinden, und vor allem: Stimmung zu machen. Als Teil eines Wort- und Symbolkanons, der dem Interesse vorgelagert ist, welches Querdenken verfolgt, entpuppt er sich als eine von der Welt unabhängige prinzipielle Einstellung zu derselben, die nominalistisch agiert, indem sie Worte nur kennt als «austauschbare Spielmarken», «unberührt von Geschichte».

Der verbreitete Einsatz dieser eigentümlich verkrüppelten Sprache, die die Metaphorik sucht, weil sie die Begrifflichkeit scheut, die Schutz in der Wortetymologie sucht, um sich konkreter Bezeichnung entziehen zu können, ist die Konsequenz eines solchen Sprachgebarens. Ob in den prosaischen oder poetischen Pamphleten der Querdenker – Worte fallen der Worte willen, eine sich selbst genügende Wortwahl dominiert, die Aufmachung ist die ganze Botschaft. Sie weigert sich, das Wort so einzusetzen, daß es tatsächlich einen hinter ihm aufscheinenden Umstand erhellt. «Brücken bauen, Kundschafter spielen, Steine ins Wasser werfen», überschreibt Joachim Rossbroich seine Gedanken in den *Kempfenhausener Notizen*, der Querdenker-Gazette der Bayerischen Hypobank. Der Querdenker ist ein dilettierender Sophist, der verbirgt, was hinter seinem bloßen Quersein steht. Seine verbale Verschleppungstaktik folgt Adornos Devise: «Urteilslos, ungedacht soll das Wort seine Bedeutung unter sich lassen.» Weil es Jargon nur gibt, wo Leere ist, ist auch der Jargon des Querdenkers Ausdruck einer inhaltslosen charakterlichen Disposition: einer Laune letztlich, die sich mit der Welt nicht einverstanden erklärt.

Wird nominalistisch argumentiert oder poetisiert, ist ein Rettungsanker nicht weit, auch wenn er sich als Strohhalm erweist: Statt einer Aussage Bedeutung zu verleihen, wird assoziiert. Wo das Wort auf sich allein gestellt ist, bleibt nicht nur der Bedeutungskontext auf der Strecke, sondern dem Sprecher nur noch übrig, sich in die Sackgasse der armseligen Assoziationstechnik zu verrennen. Jürgen Fliege ist der wahre Meister dieser Mechanik. «Sie waren mein Strohhalm!» sagt während einer Fernsehaufzeichnung ein weiblicher Studiogast zu ihm. «Strohhalm, Strohhalm...», murmelt Fliege vor sich hin. Er wandert durch das Studio und bleibt vor einem Teil der Dekoration, einem reichgeschmückten Christbaum, stehen. Er greift in die Zweige. «Ich geb Ihnen einen Strohstern, o. k.?»

Es ist der singende, dichtende oder predigende Querdenker, der diese Kunst zur Vollendung treibt. Das Assoziieren wird dann häufig zum «Stille-Post-Spiel» – von der Postkutsche zum Obstkuchen. Nicht der Kopf spricht, erst recht nicht die Seele, sondern allenfalls, was oft damit verwechselt wird, das vegetative Nervensystem: Aus Trauer wird bei Fliege Träne, aus Träne Wasser, aus Wasser Waschen, und aus Waschen Sauberkeit, und aus Freitag wird Waschtag.

Neben dem assoziierenden Sprachgebrauch bleibt dem Querdenker nur noch eine Möglichkeit, den Schleier über die matte Leere zu breiten, die er verströmt: Wo nichts mehr hinter den Worten zum Ausdruck kommt, wird das Wort selbst zum nicht mehr hinterfragbaren Prinzip. Wer das Objekt seines Widerstandes nicht kennt, setzt Widerstand absolut. Er widersteht, wie Konstantin Wecker, allen Objekten an sich und für sich – allem und jedem, Gott und der Welt. Um die sichtbare Platitüde zu vermeiden, aus Angst vor dem semantischen horror vacui und im Bestreben, von der bedrohlichen Frage nach dem Konkreten durch den Hauch mystisch-unergründlicher Doppelbödigkeit abzulenken, wird das bloße Wort so lange ausgequetscht, bis wenigstens ein paar Tropfen hervorquellen, die in aller Regel der Etymologie des Wortes abgerungen werden. Der Querdenker hegt eine tief verwurzelte Liebe für Allgemeinbegriffe, die schon Alexis de Tocqueville als ein Ärgernis für das Geistesleben des modernen demokratischen Staates erachtete. Allgemeine Begriffe zeugten nicht «für die Stärke, sondern eher für das Ungenügen des Verstandes». «Die allgemeinen Begriffe», schrieb Tocqueville, «haben das Wunderbare an sich, daß sie dem menschlichen Geist erlauben, über eine große Zahl von Dingen gleichzeitig rasche Urteile abzugeben; anderseits aber liefern sie ihm immer nur unvollständige Kenntnisse, und was sie ihm dabei an Weite gewähren, entziehen sie ihm an Genauigkeit.» Daß sie als Bedeutungssurrogat im queren Diktum einen fragwürdigen Kommunikationswert haben, stört den, der sie bemüht, indessen nicht.

Wenn die sprachliche Ersatzstrategie des eindimensionalen Nominalismus zur letzten Flucht wird, schlägt die Stunde des Bindestriches. Schon Martin Heidegger hat ihn in seiner etymologiehörigen Ursprungsmystik gefeiert. Der Bindestrich wird in die Pflicht genommen, wenn gar nichts mehr läuft: Innerhalb der Hauspostille der Hypobank wird nicht von Rückblicken gesprochen, wenn es darum geht, ein Resümee vergangener Querdenker-Treffen zu ziehen, sondern von *Rück-Blicken*, nicht von Randnotizen, sondern von *Rand-Notizen*, nicht von Denk- und Merkwürdigem, sondern von *Denk- und Merk-würdigem*.

Das Rezept ist altbewährt. Zur Anwendung kommt es immer wieder in der Gattung des journalistischen Nachrufes: Im Bemühen, beklemmende Tiefe zu erzeugen, wird Hans-Christian Blech für die *Süddeutsche Zeitung* ein Mann nicht fürs Fragwürdige, sondern «ein Mann fürs *Frag-Würdige*». Dieselbe klappernde Substanzlosigkeit, die als bedeutungsschwangeres Vexierbild daherkommt, begegnet dem Beobachter in den *ZEIT-Punkten*, den Sonderheften der Wochenzeitung, und vor allem auch bei Durchsicht von Prospekten zeitgenössischer Kunst. Um dem Kunstkonsumenten die eigene augenzwinkernde, aber letztlich für den Nichteingeweihten unergründbare Gewieftheit und das hintersinnige Raffinement vollends unter die Nase zu reiben, haben Ausstellungen moderner Kunst heutzutage Titel wie *Spannungs-felder*, akustisch untermalte Vernissagen heißen *Klang. Hör-Fest*. Allzu oft gibt sich der ehrenwerte Berufsstand der Graphiker dafür her, durch optische Gestaltung jene durch den Bindestrich suggerierte Pseudofinesse noch waghalsiger wirken zu lassen.

Dasselbe Phänomen vorgespiegelter Bedeutungsschwere läßt sich in den Druckerzeugnissen der Unbequemenkultur studieren, in denen gleichfalls das sich selbst genügende nonkonforme Programm bereits typographisch zu seiner Entfaltung kommt. Die bereits erwähnte Hauszeitung der *Bundesarbeitsgemeinschaft Kritischer Polizisten und Polizistinnen e.V.* firmiert im Zeitschriftenkopf mit dem berechnend aus der Reihe tanzenden zweiten «e» des Wortes «unbequem»: $UNBEQU^EM$. Die Schöpfer dieser queren Graphik stehen im Dunstkreis ihres neuen Papstes David Carson, der die gedruckte Schrift heutzutage bis an die Grenze der Leserlichkeit revolutioniert hat und seine künstlerische Erfüllung darin findet, seinem rahmensprengenden Nichteinverständnis mit allem Schubladendenken durch den nur allzu angestrengt wirkenden graphischen Überschreitungsakt von gängigen Spaltenformaten Ausdruck zu verleihen.

Gestikalisch ist es das unaufhörliche In-die-Luft-Malen von Inhaltsschwere suggerierenden Gänsefüßchen, worin sich derselbe dauerhafte Notstand an eigener Substanz im Queren manifestiert und kundgetan werden soll, daß das, was gemeint ist, einen zu signalisierenden, quasi metasprachlichen Mehrwert besitzt. Auf diesen und seine geheimnisvolle innere Zusammensetzung wird freilich nur hingewiesen, ohne ihn inhaltlich zu explizieren. Die Absicht ist auch hier so fadenscheinig wie banal. Das eigene Argument soll stark gemacht werden, ohne wirklich geistigen Aufwand dafür zu betreiben. Den Querdenker bringt das aber nicht aus der Ruhe, denn er vertraut auf die Aura seiner Worte. Ohne etwas zu bedeuten, klingen die Slangwörter des Queren, als ob sie einer übersinnlichen Sphäre entstammten: Heiligkeit wird ihnen verliehen, wo keine ist. Effekt wird erzielt als Wirkung ohne Ursache.

Die Aura des Querdenker-Jargons setzt sich zusammen aus gänzlich disparaten Elementen. Eine ihrer Zutaten gibt jene verbitterte Ergriffenheit ab, wie sie sich nur allzuoft in der gedenktäglichen Vergegenwärtigung nicht gesühnten kollektiven Unrechts einstellen will. Ein weiteres Ingrediens ist jene enthusiastische Aufbruchsstimmung, die noch durch die bewimpelten Zeltreihen von Pfadfindercamps zu wehen pflegt. Abgerundet wird das gärende Gemisch mit einer latent aggressiven Missionarsgesinnung, die dem Menschen des ausgehenden 20. Jahrhunderts eigentlich nur noch in Person intransigenter Zeugen Jehovas begegnet, die ihren stummen Dienst am Mitmenschen in aller Regel vor den belebten Kaufhäusern unserer Großstädte tun.

Oft ist der Querdenker ein Mann der Wirtschaft und Technologie. Ist er dann noch Mitglied der «IQ-Akademie», spricht er von «Innovationskultur», «Innovationsressourcen», «Innochances» und «Innovents», von «Joint Brain Teams» und «Ideenscouting», von «Think und Do-Phasen», von «mind- und inputzapping», von «impulsshops» und «Erfinderbörsen». Die herkömmliche Aura des Querdenker-Jargons verbindet sich dann mit der synthetischen Sprache einer von Managern verwalteten Welt. Diese atmet das metallische Aroma moderner halogenbestrahlter HiFi-Geschäfte, die klimatisierte Luft internationaler

Großraumbüros, amerikanisch dominierte Fortschrittlichkeit. Und wie von fern umweht sie der Sandelholzduft allen esoterischen Wissens, das dem eigenen Bewußtsein erst die magischen Weihen höherer Abkunft erteilt.

Rebellen ohne Risiko

Der Habitus des Querdenkers ist jedoch nicht die eigentliche Ursache für den erheblichen Breitenerfolg, dessen sich der aufsässige Lebensstil erfreut. Besondere sozialpsychologische Konstellationen geben dafür den Ausschlag, daß der Querdenker als Programm der Lebensführung heute massenkompatibel werden konnte und das Dissidententum zum äußerst populären Prinzip geriet.

Menschen, die ihrem Unmut an gewissen gesellschaftlichen Zuständen Luft machen, sind nichts Besonderes. Es gibt sie an jedem Stammtisch. Weitaus seltener aber ist derjenige Menschenschlag, der Kritik an der Illegitimität herrschender Verhältnisse äußert, sich damit jedoch bewußt möglichen repressiven sozialen Konsequenzen aussetzt. Dabei liegt es in der Natur der Dinge, daß jene Menschen, deren Kritik dieses potentielle Sanktionsrisiko birgt, wohl immer schon eine kleine Minderheit waren. Wer dagegen seinen Überzeugungen von Menschlichkeit, Freiheit und Gerechtigkeit unerschütterlich gehorcht und deswegen gegen die Unrechtmäßigkeit sozialer oder politischer, weltlicher oder geistlicher Systeme kämpft, mag sich dadurch zwar oft Rückhalt und Anerkennung in der Bevölkerung verschaffen, aller Erfahrung nach jedoch selten entschlossene Mitstreiter in der Sache. Das muß daran liegen, daß es enorme Kraft und Willensstärke kostet, für eine Überzeugung wirkliche Opfer zu bringen. Zum Nonkonformismus eignen sich daher nicht viele Menschen, nur solche, die aus besonderem Holz geschnitzt sind: die Märtyrer unter ihnen zum Beispiel, dann die Bürgerrechtler und Systemkritiker – aber auch jene unbekannten Helden des Alltags, die täglich das, was man heute mit dem vielfach abgenutzten Wort «Zivilcourage» benennt, nicht nur lauthals bekunden, sondern auch vorleben. Egal, wie groß dabei die Menge Sand ist, die sie ins Getriebe der jeweiligen Normeninstanz streuen, egal auch, wie laut es tatsächlich dabei knirscht – sie alle verbindet stets etwas ganz Bestimmtes: In allen Fällen entwächst ihr Handlungsmotiv kritischer Erkenntnis. Ob bei Giordano Bruno oder Mahatma Gandhi, ob bei Georg Elser oder dem Unbekannten, der gegen prügelnde Skinheads in der U-Bahn einschreitet – immer ist mit ihrem Handeln ein Risiko verbunden: Wer Normen verletzt (und manchmal auch, wer sie befolgen will), begibt sich in Sanktionsgefahr vor denen, die über deren Einhalten wachen. Im minimalsten Fall stehen Sozialreputation, die Karriere oder die Schneidezähne auf dem Spiel, im extremeren die ökonomische Grundlage, im äußersten gar das eigene Leben.

Heute sind die Zeiten offenkundig vorbei, in denen es zum Widerstandskämpfer einer besonderen ethischen Qualifikation bedurft hätte. Die individuelle Aneignung des Querdenker-Titels steht heute in einem sozialstrategisch äußerst günstigen Kosten-Nutzen-Verhältnis, denn der Zeitgeist ist in diesen Tagen einmal mehr ein billiger Jakob, der die Charge fast gratis feilbietet; als kostenlose Dreingabe gibt es den gleichbleibenden Erfolg, den diese garantiert.

Das Urteil der *Süddeutschen Zeitung*, heute könne es einer zum Querdenker bringen, allein schon wenn er während einer Parteisitzung sagt: «Mach doch einer mal das Fenster auf dahinten!» mag allzu argwöhnisch anmuten. Die Behauptung, einer habe heute das Zeug zum ordentlichen

Querdenker, wenn er bei Rot über die Ampel läuft, hat ebenfalls zweifelhafte Glaubwürdigkeit. Arglistig scheinen auch die Behauptungen zu sein, wie sie Thomas C. Breuer zu Blatt gebracht hat: Im Ansehen eines veritablen Querdenkers stehe schon, so führt er aus, wer eine Knoblauchzehe ißt, bevor er seinen Bankberater aufsucht, um diesen «olfaktorisch in die Knie zu zwingen», genauso, wer einen Lottoschein ausfüllt, ohne ihn abzugeben. Verbürgt richtig dagegen ist – und das wissen wir seit Friedbert Pflüger: Ein Unbequemer muß nicht länger unbedingt Che Guevara heißen. Viele, auch staatstragende Gewährsleute, die bislang noch als von kritischem Gedankengut unbeleckt galten, wetteifern heute um die begehrte Anrede. Die meisten davon erwecken indessen nicht den Eindruck, als irritierte sie, daß derartig schmeichelnden Noten noch vor nicht allzu langer Zeit der miefige Stallgeruch von Klassenkampf und Kommunismus anhaftete und nie bei manchen ihrer politischen Väter mehr als verpönt waren.

Der erstaunlichen Entwicklung leistet Vorschub, daß spezifische Hürden im historischen Verlauf gefallen sind, die einst noch eine Inflationierung der autopoietischen Selbstkultivierung zum Unruhestifter verhinderten. Eine der wichtigsten Barrieren, die der Zeitgeist dabei umgestoßen hat, ist diejenige, die jahrhundertelang allem Nonkonformismus im Wege stand: das Risiko. Mag es in Ulrich Becks Soziologie noch zum konstituierenden Stilprinzip moderner Gesellschaften aufrücken, aus den schrumpfenden Reservaten der öffentlichen Reflexion ist es verschwunden.

Das moderne kritische Bewußtsein ist in seiner Breitenwirkung ein zutiefst befriedendes: Wo es noch wirklich gefährlich war, wie die rote Bulldogge des «Simplicissimus» an deutschen Heiligtümern zu rühren, oder wo Werner Finck Satire mit sechs Wochen KZ bezahlte, existieren heute staatlich geschützte Enklaven der öffentlichen Kritik als Errungenschaften der modernen Demokratie. In diesen Reservaten ist es für Lichtgestalten vom Range eines Konstantin Wecker ein leichtes und überaus einträgliches, als «Herdplattenanfasser» zu firmieren; in solcher Umgebung falsettiert auch Eugen Drewermann am liebsten sein Credo vom aufrechten Gang.

Heute ist es problematisch, den stets inbrünstig verlautbarten Bekenntnissen des Querdenkers als nur solchen seiner Lippen, nicht aber seines Handelns, auf die Schliche zu kommen. Ihn einer bloß gespielten Überzeugung zu überführen, wie Michael Kohlhaas getrieben zu sein, von jenem «richtigen, mit der gebrechlichen Einrichtung der Welt schon bekannten Gefühl», wird kaum gelingen. Keine Not dagegen macht es, sein Wohlgebettetsein in Plüsch und Plumeaus des gesellschaftlichen Konsenses vor Augen zu führen. Kohlhaas setzte sein Leben aufs Spiel und verlor. Der Querdenker spielt mit einem Feuer, das überhaupt nicht brennt. «Abenteuer ohne Risiko ist Disneyland», sagt Douglas Coupland.

Daß der Nonkonformist mit seinem Auftreten etwas wagt, trifft nicht mehr die Realität. Als ehemaliges Konstituens alles Nonkonformen hat sich das Risiko als entscheidende Kategorie, die über die Größe einer Handlung entschied, längst in die Bodenritzen der Freizeitgesellschaft verflüchtigt. Geblieben ist nur die Sonnenseite des Modells, der reputierliche Leumund, in dem das Unbequeme steht – auch wenn es des Mutes länger nicht bedarf. Der «Sinn für die Frechheit» ist der Moderne abhanden gekommen, sagt der belgische Philosoph Michel Meyer in seinem Buch «Über die Frechheit». Er hat recht und doch unrecht. Denn wo es keine Frechheit mehr gibt, nimmt sich das Allerweltsgehabe die größte Frechheit heraus, nämlich die, selbst frech zu erscheinen. Es ist eines der bestgehüteten Geheimnisse des Querdenkers, daß er genau um diesen Umstand weiß. Und es wird zum Prüfstein seiner Überlebenssicherung, dafür zu sorgen, daß es keiner merkt. Oft geht die Rechnung auf: Konrad Adam von der *Frankfurter Allgemeinen* bescheinigt Heiner Geißler Mut als dessen «hervorstechendstes Charaktermerkmal» und glaubt offenbar, daß es Mut auch geben kann, wo gar keine Angst besteht. Was hat der Querdenker zu befürchten?

Mut ist eine politische Kategorie, die einer Zeit angehört, in der öffentliche Kritik noch nicht unter den normativen Schutz weitgreifender Indemnität gestellt war. Heute hat der Querdenker für seine Kritik keine Sanktionen zu gewärtigen. Anstelle unvorhersehbarer (oder auch vorhersehbarer) Risiken winkt das unbequeme Leben mit echten Verwöhngarantien, wie sie sonst kaum ein Lebensstil bereithält. Als Querdenker rückte Heiner Geißler zum Vorzeige-Humanisten und «Talk-Show-Beauftragten» seiner Partei auf, Kurt Biedenkopf avancierte zum Landesfürsten und politischen Intellektuellen und Rita Süssmuth eroberte die hartumkämpfte Position einer veritablen Moralinstanz von nationaler Tragweite.

Joseph von Westphalen hat diese Gratifikationsgarantie so formuliert: «Die Behauptung, den unbequemen Weg, die unbequeme Entscheidung, den unbequemen Bewerber gewählt zu haben, ist in jedem Fall falsch. Man schafft sich damit eine gute Ausrede, wenn man scheitert, und man vergrößert den Triumph, wenn man siegt.» Eine ähnliche Beobachtung hat schon 1919 Karl Jaspers in seiner «Psychologie der Weltanschauungen» gemacht. Bei seiner Systematisierung der aktiven Einstellung zur Welt nimmt er den Typ des inhaltlich unbestimmten und daher eher betriebsamen Querdenkers vorweg: «Überall gibt es auch die typischen abgeleiteten Gestalten, die durch die allgemeinen Prozesse der Umwandlung entstehen: die Formalisierung zur mechanischen Gewohnheit, die undifferenzierte Halbaktivität, ...die unechten Formen, die mit den Worten Verantwortung, Entschlußfähigkeit, Mut usw. als Phrasen um sich werfen, wenn sie nur in brutaler Ratlosigkeit und Bequemlichkeit tun, was ihnen faktisch ganz persönlich materiell ungefährlich, nur anderen gefährlich ist.»

Querdenker zu sein ist nicht länger ein Risiko, aber trotzdem lebt der Querdenker heute in ständiger Beunruhigung. Es wird ihm eng ums Herz bei der Vorstellung, daß die Taktik, die seiner Lebensführung die Richtung gibt, dechiffriert wird. Die Verunsicherung versucht er zu lösen, indem er die eigene Glaubwürdigkeit in regelmäßigem Takt auf die Probe stellt. Er wählt immer wieder aufs neue das Mittel der Provokation, um zu prüfen, ob das Siegel der Verschwiegenheit noch hält, ob sich das Auditorium noch loyal erweist oder vielleicht doch leisen Verdacht schöpft und beginnt, die Unverfänglichkeit des rebellischen Gebarens zu ahnen: Wenn Udo Jürgens die Besserverdienenden in seinen Konzerten verprellt, so mit der Absicht, im rauschenden Applaus der Menge zu baden. «Gleich wird die Bühne gestürmt, und ihr da vorne seht nichts mehr. Da hilft auch kein kleinkariertes Gezänk. Das ist eben das Pech, wenn man reich ist», höhnte er laut *SPIEGEL* bei einem Konzert. Als sich die Geschmähten beim Mitsingen seiner Evergreens indigniert zurückhielten, sattelte er eine allzu alberne Alfanzerei drauf, die er bei John Lennon abgekupfert hat: «Nur mit den Juwelen rasseln reicht nicht.» Die Masse tobt – und gibt ihm recht. Die Revoluzzer-Attitüde erntet frenetische Akzeptanz. Udo Jürgens atmet durch. Der Konsens, auf den das Unbequeme stößt, war wieder richtig kalkuliert.

Querdenken für jedermann

Dem Querdenker kommt die Fügung zupaß, daß sich die gewünschte Identität erreichen läßt, ohne sich inhaltlich rechtfertigen zu müssen. Garantiert sozial zugestanden wird die aufbegehrende Imagestrategie jedem, der sich für den dornigen Pfad entscheidet, weil es der Zeitgeist so gerichtet hat, daß Querdenker und Unbequeme davon entbunden sind, den lästigen Beweis anzutreten, daß tatsächlich zutrifft, was sie sich auf die Fahnen geschrieben haben. Der gehässige Verdacht, daß in den meisten Fällen die Böcke wohl die Gärtner sind, läßt sich so gepflegt umgehen. Allein der Jargon vermag, wie Adorno lehrt, «Engagement zur festen Einrichtung» zu bändigen und «überdies die subalternsten Redenden in der Selbstachtung» zu bestärken, «sie seien schon etwas, weil aus ihnen ein Jemand spricht, auch wo er ganz nichtig ist».

Zur allseits beliebten Spezialität des Querdenkers konnte es daher werden, gerade Gemeinplätze und Binsenweisheiten in der Tracht des Außenseitigen zu camouflieren. Er geriert sich als Rufer in der Wüste – oder wie Hildegard Hamm-Brücher gerne auch als «Daniel in der Löwengrube» – und steht doch inmitten einer akklamierenden Masse, die den Standpunkt des Künders schon verinnerlicht hat, bevor der Querdenker überhaupt auftritt. Sein Geheimnis ist seine Kunstfertigkeit, das Allgemeine, Selbstverständliche zum Geheimnis zu machen. Als ob er persönlich Bekanntschaft mit dem Querdenker geschlossen hätte, beschrieb Theodor W. Adorno dieses Phänomen: «Das suggerierte und nichtvorhandene Geheimnis aber ist öffentlich. Wer es nicht hat, braucht nur zu reden, als ob er es hätte und als hätten die anderen es nicht.»

Genau das tut der Querdenker. Sein Markenzeichen ist es, offene Türen einzurennen, zu sagen, was alle hören wollen, und im gleichen Augenblick vorzugeben, er betrete unbekanntes Neuland. Mit diesem trügerischen Entdeckerstolz geschmückt, gelingt es Konstantin Wecker, aus dem Schrei nach Frieden einen Appell weniger Versprengter zu machen; Gertrud Höhler schafft es, sich zur einsamen Anwältin der Kreativität aufzuschwingen – obwohl die Wertschätzung schöpferischer Qualitäten längst zum Massenhabitus gehört. Die bange Frage «Was ist quer an Goeudevert?» führt zur gleichen Aporie, denn auch wer so unverzagt in sein queres Horn stößt und den Querdenker auf den Schild heben will, deklariert Standardrezepte von der Stange als ketzerische Glaubenssätze. Eine Lösung gegenwärtiger Probleme soll seine Forderung nach dem «gebildeten Manager» sein – berechtigte Forderung und doch im Grunde nicht mehr als grauer Gemeinplatz. Wer schon hätte je auf den guten alten Fachidioten gesetzt? Goeudevert baut auf eine Unternehmensstrategie, die auf «der eigenen Kultur, der eigenen Vergangenheit und Identität basiert», und dringt darauf, «die Ressourcen der eigenen Kultur zu nutzen». Aller Wahrscheinlichkeit nach würde ihm kein einziges Unternehmen einfallen, dem diese Philosophie nicht genauso heilig wäre. Er beklagt den Mangel an Visionen und macht durch das Aufzählen seiner eigenen um so klarer, daß er darunter nur allzu Hausbackenes versteht. Wo schon die Idee eines «Freizeitautos mit Allradantrieb» oder die eines «Frauenautos», wo der Vorschlag, wegen der vielen fahrenden Frauen einen Spiegel auch auf der Sonnenblende der Fahrerseite anzubringen, unter der Rubrik «Visionen» verhandelt wird, muß der Konstruktionsplan für eine Doppelgarage an die schiere Epiphanie grenzen. Was ist, könnte sich der lernwillige Nachwuchsmanager fragen, abgesehen vom Spiegel an der Sonnenblende, quer an diesen Ideen?

Lejeunes Querdenkerei hängt am selben Strick. Er verausgabt sich zwar förmlich vor lauter Leistungsappellen und bricht wie kein anderer Beschwerdeführer den Stab über die deutsche «Vollkasko-Mentalität», die deutsche «Anbiederei» und den herrschenden «Besitzstandsegoismus». Seine vorgeschlagenen Wege aus der Misere sind jedoch so arm an Innovativem wie die Lottozahlen der Vorwoche: Abbau der Lohn- und Lohnnebenkosten, Flexibilität und Mobilität, Sozialabbau, Kundenorientierung und Wertsteigerung, Produktivitätszuwachs und Ausbau des Bildungssystems – sattsam bekannte Ladenhüter aus der Mottenkiste der öffentlichen Diskussion – garantiert konsensträchtig.

Hunderttausend Genies

Inhaltlich noch immer so verwaschen und verwässert wie am Tag, als dieser unheilvolle Begriff sich anschickte, die Welt als Allheilmittel zur Kurierung sämtlicher Beschwerden zu erobern, scheint die allseits beschworene «Kreativität» noch immer Rezept globaler Gesundung wie Fetisch dieser Tage zu sein. Im Gefolge des Sputnik-Schocks von 1957 in den USA erstmals vermehrt auftretend, im deutschen Sprachraum mit einiger Verspätung Anfang der sechziger Jahre und endgültig 1968 durch Gisela Ulmanns Buch «Kreativität. Neue amerikanische Ansätze zur Erweiterung des Intelligenzkonzeptes» Einzug haltend, trat sie hierzulande zunächst als wirtschaftstaugliches Wundermittel der Betriebsführung ihren Siegeszug an. Geistig obdachlose Forschernaturen aus Übersee vornehmlich psychologischer Provenienz hatten erfolgreich begonnen, das Wort der restlichen westlichen Welt als heilbringenden Rettungsanker allen ermüdeten Denkens feilzubieten, und versprachen, damit den enteilten Genius der Sowjets schnell wieder einzuholen. Equipiert mit der prophetischen Gabe von vagabundierenden Staubsaugervertretern, verheißen die Verfechter der neuen Botschaft seither prachtvolle Zeiten, wenn sich diesem Arkanum nur endlich alles fügte.

Als akademische Disziplin müht sich seither und mit aufgefrischtem Schwung seit 1968 die Kreativitätsforschung, als touristische der Kreativurlaub, als kulinarische die kreative Küche. Seit Anfang der neunziger Jahre in der kontinentalen Wirtschaft Europas ein neues Krisenbewußtsein die Runde zu machen begann, ist es wieder derselbe Begriff, zu dem die Ratlosen ihre Zuflucht nehmen – mit breitenwirksamen Erfolgen, denn der Terminus ist 1997 wieder zum absoluten Modewort aufgestiegen. Laut *Wirtschaftswoche* vom Januar 1997 erfaßt ein spezifisches Suchprogramm im Internet 100 000 Datensätze unter diesem Stichwort. Das britische Wirtschaftsmagazin *The Economist* habe ermittelt, «daß der Begriff in bedeutenden Zeitungen und Magazinen in den ersten acht Monaten des vergangenen Jahres rund 14 000mal auftauchte, rund doppelt so häufig wie im gleichen Zeitraum 1992». Werbekreise kennen als Berufsbild den «Kreativspinner», laut Rolf Strauchs Werbelexikon ein «besonders ideenreicher, talentierter Werbefachmann». Kreativteams schießen allerorts aus dem Boden, in Rundfunkanstalten genauso wie in Industrie, Handel, Banken und Verkehr – auch bei *Aral*, wo sich seit 1996 tatsächlich junge Mitarbeiter in einem «Kreativitätstank» zusammenfinden, der nun ätherische Phantasien rund um die Zapfsäulen auslebt.

Nur auf den ersten Blick befremdet, daß die Kreativität heute ausgerechnet in Managerkreisen wieder fröhliche Urständ feiert. Denn gerade der Manager ist noch immer allzuoft der engstirnige Stammhalter eines technologisch geprägten Weltverständnisses, das der unerschütterlichen Überzeugung anhängt, alles und jedes, Geist wie Materie ginge letztlich in nomologischem Wissen auf, aus dem es sich umgekehrt wieder ableiten ließe. Seine Logik gebietet ihm, selbst der Genialität naturwissenschaftlich-experimentell beizukommen. Und derselben Meinung laufen noch immer fortschrittsfrohe Forscherscharen gerade der amerikanischen Psychologie hinterher. Sie glauben unbeirrbar an die Möglichkeit, den menschlichen Genius zum handlichen Baukastensatz zu zerlegen und, umgekehrt, diesen als pädagogisches Instrumentarium der Managerschulung wieder einzusetzen, um das Genie in ihren Kandidaten zusammenzupuzzeln.

Einer der großen Ahnherren der «Kreativitätsforschung», der exemplarisch für die Gattung steht und dessen Anleitungen noch heute durch die Handflächen zahlreicher Bedürftiger zirkuliert, ist Edward de Bono, Begründer des «International Creative Forum», der 1992 mit «Serious Creativity» jedem Querdenker ein unverzichtbares Vademecum an die Hand gab und darin auch dem Nonkonformisten in Aussicht stellte, selbst zu größter Kreativität aufzulaufen, mithin zum Querdenker zu werden. Die Methoden sind vergleichsweise schlicht. Mittels kniffliger Knobeleien, Denksportaufgaben nach gehobener «Malen nach Zahlen»-Art und anderen geistigen Turnübungen gelänge das «Erschließen der eigenen Kreativitätsreserven», verspricht der Meister. Statt sturem Geradeausblicken sei «laterales Denken», der Blick auf die Seite, die Lösungsformel – eine Technik, die jeder Schulanfänger beherzigt, wenn er eine Straße überquert.

Ebenfalls zu neuer Popularität verholfen hat Mihaly «Csik» Csikszentmihalyi der neuen Kreativitätswelle, der 1997 mit seinem Bestseller «Kreativität. Wie Sie das Unmögliche schaffen und Ihre Grenzen überwinden» reüssierte. Csikszentmihalyi gilt als Hohepriester und Platzhirsch der Fachwelt und wird für die spektakuläre

Entdeckung gefeiert, daß Kreativität keine selbstschöpfende Angelegenheit des Individuums ist, sondern einzig in einer geeigneten sozialen Umgebung gedeihen könne. Die Erkenntnis, daß das Umfeld stimmen muß, um Leistung zu bringen, ist so bahnbrechend allerdings nicht. Wer will, kann sie jeden Samstagabend in der Bundesliga-Berichterstattung aus den radebrechenden Mündern interviewter Fußballprofis vernehmen. Anläßlich eines im Forum der *Süddeutschen Zeitung* durchgeführten «Kreativitätstages» zeigte der findige Ungar Wege aus der Krise auf: «Üben Sie, überrascht zu sein!» rät er dem Kreativitätsaspiranten. Neugierig solle er sein. Laufen und Autofahren würden helfen. Pflanzen und bunte Wände im Büro wirkten Wunder. Csikszentmihalyi weiß, wo Barthel den Most holt. Er empfiehlt, ins Bett zu gehen, wenn man müde ist. Auch Duschen könne etwas bringen, erfuhr der Wißbegierige in Sachen Innovation vom Referenten.

Wie viele seiner geistigen Mitstreiter ringt auch der Schweizer Querdenker-Guru Gottlieb Guntern titanengleich im Namen der Kreativität mit der Malaise in deutschen Unternehmen. In einem Interview in der *ZEIT* beklagte er heftig die zurückliegenden Fehler des deutschen Managements, eine amerikanische Managermode nach der anderen nachgeäfft zu haben: «just-in-time, total-quality-management, benchmarking, customer orientation oder outsourcing». Warum er ausgerechnet der größten aller Moden, der querdenkerischen Kreativitätsschwemme, so gnadenlos verfallen ist, blieb sein privates Geheimnis. Wie jeder informierte Zeitungsleser wußte er, daß dem herkömmlichen Typ des Managers keine Zukunft blühe. Weshalb allerdings der «intuitive Denker» in Gunterns mystischer Wissenschaft den Zuschlag erhält, verriet er nicht.

Wieder ist es der Jargon, der glauben machen will, daß tatsächlich allem Bequemen zu Leibe gerückt und auf den

Busch geklopft werden soll. Daß sich die Lage ändern muß, wissen alle, aber was und wie es sich ändern muß, schon nicht mehr. Wem dabei nicht mehr einfällt, als das hohe Lied der Kreativität anzustimmen, der hat als Krisenmanager nur mäßigen Kredit, denn er tritt auf der Stelle. Gunterns Schluß, daß die mangelnde Innovationskraft der europäischen Wirtschaft auf eine systematisch herbeigeführte Kreativitätslücke zurückzuführen sei, hat den Erkenntniswert der These, nach der eine leere Flasche Bier keine volle ist. Der Ruf nach Kreativität inmitten einer Krise hat tautologische Züge: Im Begriff der Krise steckt bereits die Erkenntnis eines kreativen Mangels.

Damit verlagert sich das Ziel des Spiels. Nur derjenige gewinnt, der am geräuschvollsten leeres Stroh und Phrasen drischt, Kassandra gleich am lautesten mahnt und anprangert, am stärksten wachrüttelt und alarmiert, wie Lejeune im Kapo-Stil den «Fußkranken» Beine machen will und im Brandmarken keinen Pleonasmus scheut, um seine Seiten zu füllen. Der Querdenker entlarvt sich, indem er sich aufs Einpeitschen beschränkt. Wofür, weiß er selbst nicht so recht.

Zum sonnigen Schicksal des Querdenkers gehört es, daß er das eigene unbequeme Tun keiner öffentlichen Kosten-Nutzen-Bilanz auszusetzen braucht. Hält man es mit Goeudevert, läßt sich ein Querdenker schwerlich in berechenbaren Kategorien messen. «Sein Maß sind Inspiration und Phantasie. Und die sind bekanntlich nicht quantifizierbar und folglich nicht so einfach einer Erfolgskontrolle zu unterziehen.» Eine nachvollziehbare Gewinn- und Verlustrechnung, überhaupt «Erfolgskontrolle» ist daher ein ungern gehörtes Wort, das der Querdenker scheut wie der Teufel das Weihwasser. Es bereitet Ohrenschmerzen in den Reihen der Freigeister und steht demnach nicht besonders hoch im Kurs. Der Querdenker ist erklärter Feind des Taylorismus, und um störende Inspizienten geistiger Betriebsprüfungen abzuschütteln, baut er vor. Des Querdenkers Kopf, sagt Goeudevert, funktioniere wie ein Trichter. Ein Querdenker arbeite wie ein «Photoapparat mit Weitwinkelobjektiv, das heißt, er erfaßt das Bild etwas unscharf, packt aber viele Elemente hinein». «Sein ausladender Trichter bringt es mit sich, daß für das Team nicht immer sofort ersichtlich ist, wohin die Reise gehen soll...» Um das Fahrziel festzulegen, bedarf es letztlich eines Teams, das für den Querdenker die Kastanien aus dem Feuer holt. Dieser aber «produziert dauernd Gedanken, die noch nicht sortiert sind. Er braucht daher jemanden, der sich des Sortierens seiner Gedanken annimmt, diese gegebenenfalls in eine andere Ordnung bringt und sie im Hinblick auf ihre Umsetzbarkeit durchleuchtet.» Die Unwägbarkeit seines ökonomischen Nutzens liegt unmittelbar an der so definierten Tätigkeit des Querdenkers. Aus der Not, einer effektiven Erfolgskontrolle nicht zugänglich zu sein, macht er eine Tugend – und entledigt sich damit en passant, prompt und elegant mißliebiger Kritik. Nie falsifizierbar, ist er auch unangreifbar geworden und besetzt unangefochten die Rolle des Unfehlbaren.

Gerade recht kommt ihm, daß die Unwägbarkeit seines Nutzens auch systemimmanente Ursachen hat. Schon Joseph A. Schumpeter wußte, daß sich die Konsumenten einer Volkswirtschaft anders verhalten, als es die Lehrbücher der Ökonomen voraussagen, daß ihre Bedürfnisse spätestens im Zeitalter der «Reklame» nicht länger zu rationalisieren sind. Der betriebswirtschaftliche Erfolg eines Unternehmens hängt bekanntlich von vielen Größen ab, so daß der direkte Einfluß querdenkerischer Einfälle niemals zufriedenstellend zurückgerechnet werden kann. Die Wirtschaftswissenschaft kann niemals eine ausschließlich nach naturwissenschaftlicher Logik ablaufende Disziplin sein, sind ihre Regelsysteme doch von psychologischen Motiven durchdrungen, wie sie sich auch von der ausgebufftesten aller Marketingabteilungen nie ausreichend ermitteln lassen können.

Allein schon daraus läßt sich der außerordentlich zuträgliche Berufsbonus des Querdenkers erahnen. Er wird von einem Unternehmen in dem Augenblick mit offenen Armen empfangen, wenn die betriebswirtschaftliche Jahresbilanz das offenkundige Scheitern der traditionellen Herangehensweise dokumentiert. Er wird aber auch dann noch hofiert, wenn der Betrieb kurz vor dem Konkurs steht. Im Falle der Effizienzsteigerung im nächsten Jahr hat sich seine Anstellung gelohnt. Im Falle einer fortgesetzten Krise bringt sich der Querdenker dadurch in Sicherheit, daß er sich auf die noch immer nachhaltig wirkenden überkommenen Strukturen beruft, zu deren Lasten die Umsatzeinbrüche gingen.

Nach demselben Strickmuster wird über Erfolg oder Mißerfolg der «Philosophie» eines Unternehmens befunden. Auch diese ist in den seltensten Fällen der Hauptgrund eines Auf- oder Abschwungs, sondern zumeist nur eine aufgepappte Weltanschauung, die im Erfolgsfall nachträglich zur Hauptursache aller Prosperität stilisiert wird. Im Grunde läßt sich auch an ihr kein bahnbrechendes Erfolgsrezept ablesen. Allenfalls dokumentiert ihre Vervielfältigung den hybriden Zustand der Unternehmensführung, der der Erfolg zu Kopf gestiegen ist und die nun in der Stunde des wirtschaftlichen Triumphes der nur allzu verständlichen Versuchung unterliegt, ihre privaten Weltanschauungen zu absoluten Wahrheiten zu objektivieren.

Querdenken als Modus vivendi

Nicht nur mit denen, die eigens unter der Berufsbezeichnung «Querdenker» ihrem Broterwerb nacheilen, hat es das Leben gut gemeint. Innerbetrieblich wird längst auch entgolten, führt sich der Normalangestellte ohne offizielle Entstaubermission in sporadischen Aktionen starrhalsig auf. Je querer der einzelne in diesen Zeiten denkt, um so kräftiger geht es mit der eigenen Karriere vorwärts. Kein Arbeitgeber, der nicht längst honorieren würde, wenn einer «mal was Kritisches sagt». Keine Redaktionskonferenz, in der nicht andächtiges Kopfnicken die Runde machte, wenn einer «unkonventionell» an sein Thema herangeht. Nonkonformismus ist der neue Utilitarismus, er gilt als Karriereticket, und so steht die Konjunktur der Querdenker auch nicht im Widerspruch zu der von der *Woche* und vom *SPIEGEL* 1995 konstatierten Hochsaison für Jasager in bundesdeutschen Unternehmen. Daß der kritische Aufwiegler selbst dann noch gestiegene Karrierechancen hat, wenn er kein Ziehkind des Unternehmens ist, das er ins Visier nimmt, verdeutlicht das Beispiel des Veba-Konzerns. Sowohl dessen stellvertretender Pressesprecher als auch der Sprecher der Veba-Tochter Otelo wurden eingestellt, just nachdem sie im *manager magazin* und in der *Wirtschaftswoche* heftig gegen die Konzernspitze polemisiert hatten. Das Unternehmen gleiche einem «lahmen Dinosaurier», sei «international nicht wettbewerbsfähig», schrieb der eine, der andere durfte Veba-Boss Ulrich Hartmann sogar vorwerfen, er glänze «weder durch seinen Intellekt» noch durch seine Eloquenz.

Querdenken repräsentiert das Prinzip einer methodischen Lebensführung und wird daher nicht einfach nach Büroschluß abgelegt. Kalkulierte Nichtkritisierbarkeit eigenen Handelns durchdringt auch noch die Freizeit des

Querdenkers. Selbst dort noch gibt er sich demonstrativen Konsumformen hin, die in dem Ruf stehen, auf dem seltenen Talent zum guten Geschmack zu beruhen, eine hohe ästhetische Treffsicherheit zu verbürgen und dazu noch geeignet sind, eine größtmögliche Distinktion zu den primitiven Feierabendtätigkeiten des niederen Fußvolks herzustellen. Es sind dies Mußestunden, die der Querdenker findig an den Genußformen der zeitgemäßen «müßigen Klasse» (Thorstein Veblen) des kosmopolitisch geschulten Jet-sets orientiert; er wird jedoch nicht müde, sie als eigene Errungenschaft auszugeben. Der Querdenker lebt diese demonstrativen Konsumformen natürlich mit dem Zweck aus, seine persönliche Exklusivität zu unterstreichen. Weil er jedoch des nötigen Sensitivitätsvermögens ermangelt, das die Voraussetzung allen unverfälschten Genießens wäre, flüchtet er sich auch in seinen Mußestunden händeringend in die wärmenden Gefilde des Unantastbaren, in einen goldenen Käfig der Unüberprüfbarkeit. Er ist glücklich darüber, daß er während seines mimetischen Genießens nicht unter jenen bedrohlichen Druck gerät, nachweisen zu müssen, worin sein angeblicher Genuß besteht.

Altbewährte Kultursphären bedienen sein Bedürfnis, bestimmte Genußformen zu simulieren, die ihrerseits ganze Industrien am Leben halten. Die Rede ist von jenem zurückgelehnt-andächtigen und doch nur vorgetäuschten Goutieren hochdotierter Kunst, die wissend-lächelnde und doch eigentlich nur die bare Verständnislosigkeit überdeckende gespielte Freude an ungeordneten Tonfolgen aus improvisierenden Jazzinstrumenten. Die Rede ist von jenem kellnerumzirzten Zuspruch kostspieliger Speisen sowie dem fachmännischen Verkosten schwer erschwinglicher Spitzenweine. All diese öffentlich zelebrierten Genußformen, die für den Querdenker demonstrative Konsumformen sind, fungieren als kulturelle Agenturen des

Geheimnisvollen, die über den Einlaß in ihre hermetischen Milieus bei ihren Kunden fortwährend das Bedürfnis stimulieren, einer Elite anzugehören, und sie zugleich davor schützen, ihren vorgegebenen Genuß zu explizieren. Denn in seinem stillen Kämmerlein erbleicht der Querdenker noch immer vor den Geheimrezepten des Savoir-vivre, in das er im Grunde nicht eingeweiht ist. Gerade deshalb fiebert er um so mehr danach. Ein willkommener Trost ist es für ihn, daß ihm zu jenen Orten wenigstens Eintritt gewährt wird, an denen genau diese undurchsichtigen Genüsse inszeniert werden. Und es nimmt nicht wunder, daß diese Stätten ihn magisch anziehen: Das sind die lichtdurchfluteten Ausstellungshallen und Galerien mit ihren Gebilden und Geräten abstrakter Kunst, deren ausgeströmte Ratlosigkeit auch den Querdenker befällt, vor denen er aber dennoch tapfer ausharrt, weil von ihnen und von ihrem bitteren Genuß jener durchdringende Strahl hoher distinktiver Wertigkeit ausgeht, in dessen Sonne sich auch der Querdenker aalen will. Es sind die edlen Restaurants, in deren lukullischen Räumen er speist, obwohl ihm im Grunde die Currywurst am Imbiß um die Ecke lieber wäre als Mindersättigendes aus der «nouvelle cuisine». Letztlich ist das Weinlokal, die «Vinothek», ein solcher Ort, wo er mit hochgezogenen Augenbrauen, hin und her wiegenden Hauptes und ohne die Miene zu verziehen seine hochlobende Expertise noch über den sauren Rotwein ergießt, indem er nach einstudierter Manier sein Schwärmen von der Höhe des Verkaufspreises abhängig macht.

Unverzagt prahlt er mit seinem geheimen Wissen um einen geheimen Genuß, den er nicht verspürt, dessen Ausbleiben jedoch, wie er sicher weiß, unnachweisbar ist. Erneut ist es die wasserdichte Unkontrollierbarkeit seiner wahren Motive, verbunden mit einem unstillbaren Geltungsbedürfnis, die ihn in die Fänge der selbsternannten

Kunst- und Musikliebhaber, Gourmets und Weinkenner treiben. Allein der «Entre-nous-Gestus der Eingeweihten», wie es Jost Hermand ausgedrückt hat, das Geduldetsein im Kreise des Klüngels der Kultur- und Kulinaresoteriker, das Ersetzen von Sinn durch Geschmack schützt den Querdenker vor jeder peinlichen Auseinandersetzung. Schon Max Weber sah ohne Sympathie, wie sich in «intellektualistischen Zeiten» «ethisch gemeinte Werturteile» in bloße Geschmacksurteile umformen, deren Inappellabilität – zugunsten des Querdenkers – jede Diskussion ausschließt. Schein statt Sein ist auch hier das Motto – nach Jean-Jacques Rousseau eine der Hauptsünden des Menschen, seit ihn die moderne Zivilisation sittlich depraviert hat.

Schmerzensmänner und Propheten

Der steinige Weg des Querdenkers ist gepolstert mit dem Moos weitläufiger Behaglichkeitsversprechen. Ohne Risiko, ohne inhaltliche Nachweispflicht, verschont von Erfolgskontrollen und überaus karrieredienlich verziert die Grundmelodie des aufwiegelnden Lebensstils eine weitere interessante Koloratur, die gleichfalls nur allzu süßlich klingt: Der Querdenker steht im Ruf strahlender, nie versiegender Intelligenz und, prinzipiell, erhabener intellektueller Prävalenz. «Bei dem ‹unwissenden› Teil der Bevölkerung», beobachtete Theodor Geiger 1949, «genießt die Intelligenz ein gewisses Prestige einfach deshalb, weil sie mit den Dingen vertraut ist, die über den Verstand des einfachen Mannes gehen. Insofern gleicht die Stellung der Intelligenz derjenigen der Priesterschaft in der archaischen Gesellschaft.» Verständlich, wenn es auch den Querdenker lockt, den Seher zu mimen, mehr noch den Hellseher, der, bevor er spricht, stets seine private Kristallkugel konsultiert. Sein Wissen kann nicht subjektiv oder parteiisch getrübt sein, denn er ist lediglich ein Medium eines höheren Geistes, der aus ihm spricht. Sein Wissen ist letztendlich von esoterischer Abkunft, deren Nichteinsehbarkeit dem Querdenker den Anstrich höherer Authentizität verleiht. Der Querdenker pflegt diesen Nimbus, um seinen prinzipiellen Vorsprung an Weitsicht zu wahren. Er pflegt ihn, indem er die Nähe zu Brennpunkten esoterischer Lehre sucht. Es ist daher nur konsequent, wenn sich Eugen Drewermann, Franz Alt, der Physiker Hans-Peter Dürr, Monika Griefahn oder auch Julius Hackethal an Messeständen tummeln, die das Ambiente für fragwürdige New-Age-Kongresse abgeben und diesen zu unverhoffter Salonfähigkeit verhelfen.

Als «Lotsen» verstehen sich laut *Wirtschaftswoche* die «Querköpfe von IBM, Daimler-Benz und Co». Aus einer überlegenen intellektuellen Einsichtsfähigkeit, die er für sich reklamiert, leitet der Querdenker für sich einen handfesten, politischen Herrschaftsanspruch ab – auch wenn er damit in der öffentlichen Diskussion hinter dem Berg hält. Karl Mannheim hat diesen psychologischen Reflex immer wieder für sein Rollenverständnis der Intellektuellen bemüht, und er steckt auch schon in Platons Idee des Philosophenkönigtums. Es ist gerade der Querdenker, der eine so formulierte Legitimation für sich geltend macht.

Wenn die Fähigkeit zur Kritik richtig definiert ist als die Fähigkeit zum individuellen Urteil über das Handeln anderer im Hinblick auf bestimmte geltende Normen, dann setzt kritisches Beurteilen die Gabe voraus, über Wahrnehmungsintelligenz einerseits und politische Klugheit andererseits zu verfügen. Wenn der Querdenker als Störfaktor auftritt, meldet er seine intellektuelle Anwärterschaft nur allzu deutlich an. Er hofft berechtigt auf den Effekt, daß allem Queren apodiktische Eigentlichkeit zugeschrieben wird, daß es mehr Ursprünglichkeit, Echtheit und Wahrhaftigkeit verbürgt als alles, was im Verdacht steht, orthodox zu sein. Aus diesen Qualitäten des Nonkonformen leitet er seinen Anspruch auf allwissende Weisheit ab. Nicht umsonst fusioniert im Denken der tollkühnen Betreiber der Querdenker-Hochschule das Begriffspaar «Innovation und Querdenken» zur Abbreviatur «IQ» als Kürzel und Firmenlogo ihrer «IQ-Akademie».

Geht es um diese sozialpsychologische Nuance seines Rollenverständnisses, legt der Querdenker ausnahmsweise mehr Wert auf das Denken als auf das Quere darin. Er liebäugelt mit der wohlgelittenen Rolle des David, der den Goliath vermöge seiner Intelligenz besiegt. Er gefällt sich als personifizierter Geistesblitz und listiger Kobold, als Asterix, denn das enzyklopädische Wissen sind die römischen Armeen, die er lässig bezwingt. Er ist darauf erpicht, die Rolle des Hofnarren zu spielen, des Wissenden, der den anderen den Spiegel vorhält, und er verachtet den gelehrten Ratgeber. Seine Gewitztheit ist der schwerfälligen Bildung weit überlegen. Gelehrtes Wissen ist in der Lage, den Turm von Babel zu errichten. Der Querdenker posiert als der, der die neuralgische Stelle kennt, den einen Stein, der, wird er entfernt, das gesamte Gebäude zum Einsturz bringt. Er wird nicht müde, für sich in Anspruch zu nehmen, stets die intelligentere Lösung zu kennen. Im Blick der randständigen Intelligenz des Querdenkers wird der herkömmliche Denker zum Deppen. Dieser ist konform, der Querdenker dagegen «kreativ». Mit Konformität verbindet der Querdenker arglose Einfalt, mit Kreativität sprühende Intelligenz. Als kreativ gilt das unübliche und unangemessene, letztlich aber gerade dadurch angemessenste Denken. Es suggeriert erhöhte Sensitivität und Imaginationskraft und immer auch das rare Talent zur Synthese.

Wer bei der Wahl dieses Ideals Pate stand, steht außerhalb jedes Zweifels. Ohne viel Aufhebens und wie selbstverständlich traut sich der Querdenker an einen uralten Götzen heran, der in den Tagen der Verweltlichung begann, den Schöpfergott selbst zu beerben: das Genie. Als Ausdruck einer individuellen Autonomie, die in Goethes Tasso bis an die Grenzen des Wirklichkeitsverlusts heranreicht und bei Nietzsche zum geistesaristokratischen Reflex auf die uniformierte Massengesellschaft gerät, steht es als Wunschbild der Selbststilisierung im Brennpunkt des nonkonformistischen Lebensentwurfs. Das Genie verkörpert die Überlegenheit von Chaos über Ordnung, von Ganzheit über Parzellierung, von eigener Urteilskraft über den Geschmack der Masse, von aus sich selbst schöpfender Echtheit über alle bloß äffende Mimesis. Des Querdenkers liebstes Hobby ist die Originalität, die aller Langeweile die kalte Schulter zeigt.

Der Querdenker definiert sich über seine angebliche schöpferische Überlegenheit, seine Innovationsfreude und seinen Phantasiereichtum. Sein Bonus liegt in seiner erhöhten künstlerischen und geistigen Gestaltungsfähigkeit, mit einem Wort: in seiner Kreativität. Er kommt in einer Epoche zum Zuge, die den kreativen Menschen über alles idealisiert und das Genie als Massenphänomen entdeckt hat. Eine «Geschichte des Genie-Gedankens», wie sie Jochen Schmidt 1985 vorgelegt hat, führt daher direkt zur ideologischen Quelle, aus der auch die Idee des querdenkenden, kreativen Menschen entspringt.

Das Genie ist der Entwurf eines Lebensmodells, das sich von allem scholastischen Denken absetzt. Eigenständig, selbstschöpferisch und authentisch beerbt es den Scholastiker und bringt wie Prometheus alle Erkenntnis von Gott zu den Menschen. Reift es noch im deutschen Idealismus zum potentiellen Lebensentwurf, so wird es spätestens mit dem

Naturalismus fragwürdig, indem es durch die egalitäre Anthropologie der modernen Demokratie nivelliert wird. In der fortbestehenden Favorisierung des kreativen Querdenkers wird aber gerade das schöpferische vom egalitären Denken ausgenommen und einer Popularisierung preisgegeben, die es veralltäglicht und trivialisiert. So verwandelt kehrt es erstmals im Kreativitätsboom Ende der sechziger Jahre wieder und aufersteht noch einmal in diesen Tagen, da es sich abermals anschickt, als Massenentwurf zu taugen. Der Querdenker schließlich markiert die Genealogie des Geniebegriffs auf einer massenkompatiblen Schwundstufe. Zur Strafe für die Hybris des Prometheus entsteigt er der Büchse der Pandora – will jedoch von seinem pompösen Anspruch, den Schöpfergott selbst zu beerben, keineswegs lassen.

Verkaufsfördernd umgemünzt finden sich gedankliche Anleihen an die hehren Qualitäten des Genies in den Marketingkampagnen der Bayerischen Hypobank. In ihrer Werbeanzeige wenden sich drei Männerköpfe an das Lesepublikum. Der Mann in der Mitte nimmt den Betrachter mit dem harten Blick der Nationalökonomie ins Gericht – unerbittlich und bei vollem Bewußtsein. Links hinter ihm, ähnlich wie in der Werbung der Bausparkasse Schwäbisch-Hall, in der Rolle des schlauen Fuchses «mit Köpfchen», des kichernden Kobolds und Schnippchenschlägers, mit dem gebotenen Schalk im Nacken, äugt mit dem Gewußt-wie-Lächeln ein weiterer Hypo-Mitarbeiter über die Schulter seines Vordermannes. Er symbolisiert die personifizierte Chuzpe und scheint im Besitz der ökonomischen Zauberformel, des finanzwirtschaftlichen «Sesam öffne dich» zu sein. Der dritte auf der rechten Seite schließlich scheint der Drahtzieher des Ganzen zu sein. Er blickt irgendwo in die Ferne, womöglich in die wirtschaftliche Zukunft, und meidet – weil diese Zukunftsschau seine ganze

Energie absorbiert – den Blickkontakt zum Betrachter. Keine Frage, er ist der *tough guy* der Truppe, eine knallharte Socke, der keiner ein X für ein U vormacht. Die drei sind, wie uns der Schriftzug versichert: «Die Querdenker». Auszusprechen in Duktus und sonorem Bariton einer Kinoansage für einen amerikanischen Actionfilm.

Ideologisch folgt der Werbefeldzug jener Taktik einer unverbildeten und unkorrumpierten Outcast-Intelligenz, die sich gegenüber anderen Geldinstituten an Weitsichtigkeit und damit letztlich an Sicherheit überlegen zeigen will. Andererseits zieht sie dem allseits verbreiteten Ressentiment des gemeinen Sparervolkes gegen die omnipotenten Bankriesen dadurch die Zähne, daß sie das Motiv dieser Ablehnung aufgreift und es zum Bestandteil der eigenen Unternehmensphilosophie macht. So richtet sich nicht länger der Ärger des Sparers gegen das Institut, sondern die Bank selbst wird zum Hort des Protestes, artikuliert selbst die Antipathie, die Banken oftmals ernten. Das nimmt dem Ressentiment zu guter Letzt nicht nur den Wind aus den Segeln, sondern verkehrt es zu wohlig-warmer Sympathie, die nun den Hypo-Streitern um die Nase flattert.

Die Betrachtungen zum vermeintlich prinzipiellen Wissensvorsprung des queren Geistes führen zur infamsten Psychomechanik, die im Typus des Querdenkers wirkt und die die beklagte öffentliche Tragödie eigentlich erst begründet. Sie liegt in seiner angeblich uneinholbaren und daher über alles erhabenen moralischen Souveränität gegenüber seinen Artgenossen, im nahezu unendlichen moralischen Kredit für Regelverletzer aller Art, die auch schon in der Hypo-Anzeige durchschimmert.
    Robert Hughes, Cora Stephan und zuletzt Pascal Bruckner haben mit ihren Büchern viel dazu beigetragen, jene Arche Noah der neuen Innerlichkeit zum Kentern zu bringen. An deren Bug prangt hierzulande noch immer Rita Süssmuth als Galionsfigur und blickt zerzausten Schopfes reumütig und immer bußfertig in die Stürme der Betroffenheit. Der Querdenker ist ein Mensch, der freiwillig moralische Trauer- als Kärrnerarbeit leistet und sich dieses Geschäft aufopferungsvoll aufhalst. Affront und Aplomb des

ewigen Trotzkopfs – sie beide stehen moralisch höher als jede Harmonie, die zum Schandmal der Konjunkturritter und Trittbrettfahrer herabsinkt.

Die Werteordnung der humanistisch-abendländischen Ethik, wie sie bis heute von der christlichen Religiosität geprägt ist, ist dafür verantwortlich. Sie erhöht gerade den am ärgsten Geknechteten zu einem Christus triumphans. Heute dominiert jene von Friedrich Nietzsche so verächtlich beäugte Achtung vor dem Schwachen, die «in eine Liebe zur Armut um der Armut willen umschlägt, in universale Viktimisierung, wenn nur Bedrängte unserem wohltätigen Herzen dargeboten werden und niemals Schuldige», wie Pascal Bruckner schreibt.

Eine ethische Ordnung, die das Leiden und Mitleiden prämiert, prämiert letztlich am höchsten, wer sich vollends opfert. Sie macht den heroischen Menschen zu ihrer Ikone und hebt ihn als Menschenretter auf ihren Altar. In der Gestalt des Kreuzritters, bei dem Nonkonformismus, moralischer Auftrag und das persönliche Wagnis eine hehre Symbiose eingegangen sind, hat er sich ein diesseitiges Denkmal gesetzt. Der Querdenker übt sich darin, dessen Abbild in gott- und prophetenloser Zeit zu sein – ein attraktives Unterfangen. Nach dem Vorbild des heroischen Menschen, der erst durch das Leiden zum Bewußtsein seines Selbst kommt, will auch der Querdenker die Schuld anderer auf sich laden. Er versucht, als Sandkorn im Getriebe einer immerzu repressiven Welt der höheren Moral zum Durchbruch zu verhelfen. «Wenn einer sein Amt übernimmt», schrieb Kurt Tucholsky 1930, «dann betont er zunächst einmal emphatisch, daß er es gar nicht hat haben wollen. Es wird ein bißchen viel geopfert bei uns...»

Der Querdenker jedoch gefällt sich im Bewußtsein eines fortwährenden Opfergangs, zumal wenn es um das Wohl der Allgemeinheit geht. Er gibt vor, dem Leiden nicht auszuweichen, «sondern nimmt es trotzig auf sich. Er sieht es und erträgt es, bis er untergeht. Er bejaht nicht das Dasein, von dem er Endgültiges nicht weiß, sondern *sein* Dasein und seinen Sinn. Er steht einsam in der Wüste und fühlt von sich Leben und Kraft ausgehen, gerade wenn das Leiden zum äußersten kommt», schreibt Karl Jaspers in seiner Charaktertypologie des heroischen Menschen. Der Querdenker kokettiert, auch wenn er sich selbst nicht ins Bewußtsein hebt, mit dieser Rolle. Wecker wird nicht müde, sich selbst als eine «unperfekte Persönlichkeit» zu loben. Friedrich Schorlemmer, ein anderer paradetypischer Gralshüter des öffentlichen Leidens und Fliege für Akademiker, nennt einen Band aus seiner Feder selbstverständlich «Eisige Zeiten. Ein Pamphlet». Er möchte darin seine Wut und Trauer über die eisige Zeit «herausschreien», bändigt sich jedoch noch rechtzeitig und zieht es vor, im stillen zu leiden. Seine Zeitkritik orientiere sich an Kafka, gibt er kund. Wie dieser will er das «Erstarrte aufbrechen, das gefrorene Meer in uns aufhacken», schreibt er, und weiter: «Ich finde, daß es guttut, wenn das Gewissen aufgerührt, ja wundgeschlagen wird. Ich sage es gegen den Trend, das Gewissen einzuschläfern oder zu verhöhnen. Es geht darum, das Gewissen des einzelnen zu schärfen und aufzuwecken. Kafka spricht vom gefrorenen Meer in uns, das aufgeschlagen werden muß. Wir werden aufgerissen, und es tut weh.»

Der Querdenker genießt es in vollen Zügen, im Urteil anderer als moralischer Virtuose anerkannt zu werden, er anempfiehlt sich selbst als richtende und wachende Instanz aller Moral, als ihr Hüter und Bewahrer. Er will glauben machen, er selbst sei die Verkörperung der Tugend in einer unmoralischen Zeit, in einem von träger Dekadenz wurmstichig gewordenen Balkenwerk der letzte intakte Strebepfeiler, der unter Ächzen verhindert, daß das Gebäude der öffentlichen Moral zum Einsturz kommt. Er baut sich auf als die vom hereinbrechenden Ozean der Moderne umspülte letzte Bastion des Aufrechten, während um ihn herum der Weltuntergang gefeiert wird. Als Märtyrer gibt er vor, einer Sache und dem Glück anderer zuliebe auf sein eigenes zu verzichten. Einem Märtyrer gleich will er Buße für Unrecht tun, das er nicht begangen hat. Ungleich dem Märtyrer jedoch hat der Querdenker, wie es Pascal Bruckner umschreibt, niemals «ein anderes Leid erfahren als das, geboren zu sein». Vielleicht gerade deswegen befällt ihn jener Virus, der in der amerikanischen Gesellschaft als «Victimology» grassiert, wo selbst noch der Massenmörder für seine bedauerliche Psychogenese mehr Verständnis weckt als sein Opfer. «Verfolgungsdurst» hat Bruckner jene «perverse Lust» genannt, die gerade auch den Querdenker packt, wenn ihn der Wille beseelt, «sich von anderen zu unterscheiden, aus seiner Anonymität herauszutreten und es, geschützt von dieser Trauerburg, seinesgleichen zu zeigen».

Die stete Sorge, ja der Gram um das Allgemeinwohl zerfurcht dem so Selbstkasteiten die Stirn. Entsetzen befällt ihn im Angesicht des wahren Unrechts, dem er «glaubwürdig», «integer» und «entschlossen», eben «couragiert» entgegentritt. Luther gleich steht er vor weltlichen Instanzen – und kann nicht anders.

Dennis Porter hat 1995 in seiner Studie über «Rousseau's Legacy» für den Genfer Philosophen das Vorherrschen genau derselben Identitätskonstruktion angenommen. An seiner religiös ausgedeuteten Rolle des Marginalisierten, des Verstoßenen und Verfolgten, hätte Jean-Jacques Rousseau unbedingten Gefallen gefunden. Er habe sich als «schlechtes Gewissen seiner Zeit» verstanden und die Identität eines Märtyrers geradezu gesucht – wohl wissend, daß diese Rolle sowohl in der antiken als auch in der christlichen Tradition «als Schicksal standfester Wahrheitskünder und

Moralisten» erachtet wurde. «Die Existenz von mächtigen weltlichen Feinden» bestätigte in seiner Sicht die Tatsache, «daß man am richtigen Glauben festhielt». Für Porter veranschaulicht Rousseaus Einzelfall die psychologische Eigendynamik einer moralischen, aber dadurch auch diskursiven Unantastbarkeit, die sich zuzulegen auch der Querdenker des ausgehenden 20. Jahrhunderts bemüht ist. Ein so verinnerlichtes Rollenverständnis verhindert zuverlässig, daß Kritik an jedweder Überzeugung des selbstgewählten Außenseiters nicht länger zu Wankelmut und Unsicherheit über die Richtigkeit eigener Positionen führt, sondern im Gegenteil davor feit. Nicht nur die positive, sondern gerade die negative Kritik von außen bestärkt den Querdenker im Glauben an die eigene moralische Aufrichtigkeit. Je stärker er marginalisiert wird, desto unumstößlicher wird die Überzeugung von seiner eigenen Souveränität. Je stärker man ihm auf den Leib rückt, desto gestählter geht er aus dem Kampf hervor.

Immer ist der Querdenker nicht nur Schmerzensmann, sondern auch Prophet, mit Max Weber ein «Charismaträger, der kraft seiner Mission eine religiöse Lehre oder einen göttlichen Befehl verkündet», und über das Talent zur Divination verfügt. Allerdings hat er nicht wie dieser das Problem – und das kommt ihm trefflich gelegen –, daß unaufhörlich «der Beweis des Besitzes der spezifischen Gaben des Geistes, bestimmter magischer oder ekstatischer Fähigkeiten» von ihm verlangt wird. Diese Arbeitserleichterung tut keineswegs seiner Überzeugung Abbruch, daß er auch weiterhin die zeitgemäße Heiligkeit verkörpert. Er wie «der Heilige tritt geradezu in die Seele der anderen, verstehend, wagend, liebend, er ist ihnen der Weg, der Halt, er fühlt sich berechtigt und verpflichtet, daß Andere sich an ihn hängen, ihm nachfolgend», definiert Karl Jaspers das gängige Selbstverständnis. «Der Heilige erreicht sein Ziel, indem er sein Ich vernichtet.» Er wird «Allgemeines, indem er aufhört, persönlich zu sein». Er wird zum Vorbild für andere, sein Element ist die Hingabe. Er hat den Pfad zu einem höheren, den Menschen unbegreiflichen Bewußtseinszustand durchlaufen.

Daß Querdenker geradezu scharenweise in diese vakante Rolle drängen, liegt auf der Hand, ist es doch – wiederum nach Karl Jaspers – «für substanzarme, an sich würdelose Persönlichkeiten naheliegend, den Heiligentypus zu propagieren, wobei sie sich vielleicht bescheiden fern von diesem Ziel nennen; in Gelassenheit und Milde, in Verehrung und Bewunderung vor den echten Typen benutzen sie diese, um trotz ihrer Substanzarmut, ihrer unplastischen, persönlichkeitslosen Artung Eindruck und Macht in der Welt zu gewinnen. Das gelingt in einer Zeit, die der Weltanschauung entleert, von Weltanschauungsgier erfüllt ist. Was Mangel ist, kann an diesen Persönlichkeiten den anderen als Positives imponieren.»

Anders als die historische Gestalt des Märtyrers, anders auch als jene von der abendländischen Aufklärung bis heute nicht rehabilitierten Außenseiter, deren Schicksale Hans Mayer verfolgt hat, leidet der Querdenker nicht, sondern er weidet sich ausgiebig an der eigenen Lust am Leiden. Sein Nachahmen verbirgt nur einen unstillbaren inneren Drang, als leidend zu gelten. Dieser Drang jedoch entspringt einem düsteren Quell, der Eitelkeit.

Thomas Steinfeld hat in einem Artikel in der *Frankfurter Allgemeinen* anläßlich des 70. Geburtstages des «Gesamtschicksalsträgers» Gerhard Zwerenz im Juni 1995 geschrieben: «Wem der Platz zwischen allen Stühlen der liebste Aufenthaltsort ist, der hat sich von vornherein dafür entschieden. Er muß nicht einmal zur Kenntnis nehmen, wie die anderen Stühle beschaffen sind. Woanders zu sein, das ist sein ganzer Stolz. Der unbequeme Zeitgenosse ist vor allem ein koketter Mensch.» Es ist nicht überzogen – der Querdenker ist ein Narziß und daher keiner Ziererei abhold. Sein Tun ist beherrscht von der Hoffärtigkeit, die er nur deswegen so ungeschminkt zur Schau stellt, weil er der Überzeugung ist, sie wirke als selbstlose Barmherzigkeit. «Ehren und Vorteile können indessen auf mehr als einem Wege erworben werden. Schmeichelei und Unterwürfigkeit sind oft weniger einträglich als ihr Gegenteil» – Pietro Aretino habe diese Entdeckung zwar nicht als erster gemacht, schreibt Joseph A. Schumpeter, «aber kein Sterblicher hat ihn je in ihrer Auswertung übertroffen».

Wie er nach Komplimenten fischt, während er gegen den Strom schwimmt, weiß der Querdenker recht gut. So betont er gerne die besondere Beschwerlichkeit im nonkonformen Tun, berichtet lauthals von Beulen und Schrammen, die er sich beim Einrennen offener Türen zuzieht, und erhebt sich am Ende doch wie ein Phönix aus der Asche. In der Welt des dauerhaften moralischen Foulspiels ist er der Mittelstürmer, der trotz Kopfverbands sein Match zu Ende spielt. Um sein Ziel zu erreichen, ist ihm jedes Mittel recht.

Er scheut sich nicht, zur Selbsterniedrigung zu schreiten. Es ist einmal mehr Jürgen Fliege, der sich in dieser Übung als Mann vom Fach erweist. Wie kein zweiter beherrscht er das Understatement, liebt es, sich permanent klein und schwach zu machen, und pflegt seine Verletzungen, damit sie ja nicht heilen. Er heult, gibt zu, allzuoft versagt zu haben. Dem armen Sünder im Beichtstuhl gleich, spielt er seine eigenen Schwächen in den Vordergrund. Der Effekt ist ihm doppelt willfährig: Durch Selbstkritik nimmt er der Kritik den Wind aus den Segeln und erreicht zugleich den anvisierten Solidaritätseffekt bei seinen Zuschauern. In der Schule sei es für ihn als Legastheniker nie so recht gelaufen, führt er rückblickend auf. «Mit Fünfen und Sechsen in den Zeugnissen werde ich nie Abitur machen können», erinnert er sich an eine schwere Schulzeit. Kaum wäre er dann noch Pfarrer geworden. Aber es hat ja doch noch geklappt, auch wenn der Weg dorthin gewohnt aufreibend war. Dreimal mußte er eine Ehrenrunde drehen, und als er dann doch kurz vor der Priesterzulassung stand, habe es zu allem Ärger auch noch eine «Sechs» vom Bischof für die Examenspredigt gehagelt – eine so rare Zensur in diesem Fach, daß sich auch der aufmüpfige Pastor nicht daran erinnern kann, daß sie vor ihm jemals einem Kandidaten der Theologie zuteil geworden wäre. Ein nicht näher belegtes «Berufsverbot» kommt ihm dazwischen. Fliege trägt es vor sich her wie die Wundmale des Gekreuzigten.

Wer die schwere Bürde auf sich nimmt und sich für den steinigen Weg des gepeinigten, aber standfesten «Unbequemen» oder den des beharrlichen «Querdenkers» entscheidet, räumt im Grunde immerzu doppelt ab: Fast allen, die heutzutage behaupten, irgendwo anzuecken, und sich damit ihren Mitmenschen als Vorbilder an Courage anempfehlen wollen, erlaubt gerade ihre zur Schau getragene Unbequemlichkeit, den großen Hunger des eigenen Geltungsbedürfnisses nach Kräften zu stillen. Das Kontingent an mitmenschlicher Sympathie und Anerkennung, wie es das eigene Ego täglich fordert, ist in jedem Fall gewiß, und gleichzeitig – in willkommenem kathartischem Nebeneffekt – sind die Schäfchen ins moralisch trockene gebracht: Kreuzritter kämpfen im Dienst der erhabenen Sache. Der zur Schau getragene Pseudo-Altruismus des Querdenkers entpuppt sich als keineswegs von der baren Uneigennützigkeit motiviert, sondern ist orientiert an der Erwartung eines hohen moralischen Lösegelds.

Die Selbstinszenierung und öffentlich geförderte Imagekampagne zum Querdenker folgt, um Pierre Bourdieu zu bemühen, einer «Distinktionsstrategie», in der der kritische Gestus als kulturelles Kapital zur Steigerung der eigenen Sozialstellung eingesetzt wird. Deren inneres Stilmerkmal ist es, daß die Strategie als solche nicht erfahren wird und dennoch einen «Distinktionsgewinn» erreicht, einen «vom Gemeinen trennenden Abstand», den der Querdenker durch sein Auftreten herstellt. «Zu diesem direkten Gewinn kommt ein weiterer, gleichermaßen objektiver wie subjektiver dazu: der Gewinn aus Interesselosigkeit, den erhält, wer sich selbst und den anderen den Eindruck vermittelt, keinen Profit zu suchen, völlig uneigennützig, interessefrei zu sein.»

Günter Ogger hat in seinem Buch «Nieten in Nadelstreifen» die Zunft, der auch er entstammt, heftig aufs Korn genommen und viele Mythen zerstört, die lange Zeit die Festung der deutschen Wirtschaft umweht hatten. Warum er aber ausgerechnet den Querdenker als ideales Gegenbild zum «fähigen Opportunisten» aufbaut, «der in Konferenzen immer die Meinung der Mehrheit teilt und am Schluß zusammenfaßt, was der Chef schon eingangs gesagt hat», bleibt sein Geheimnis. Nach diesen Zeilen muß leise Skepsis an seinem analytischen Blick aufkommen. Der Ruf nach dem Querdenker in einer Zeit, in der gerade der gewiefteste Anpasser im Mäntelchen des Querdenkers auftritt, ist äußerst fragwürdig. Denn der Querdenker ist ein «renitenter Opportunist» (Matthias Horx) oder, um es mit Wolfgang Pohrt zu halten: «Je lauter einer mit den Wölfen heult, desto vorbehaltloser wird er sich als Tabubrecher und Querdenker bewundern lassen.»

«Sehnsucht nach Synthese»

Die äußerst verwegene Profilneurose der Querdenkerei kann natürlich nur gelingen, wo eine Gesellschaft deren konfektioniertes Umsichgreifen ausdrücklich toleriert. Es muß dies die Gesellschaft einer Epoche sein, die tatsächlich der Weltanschauung verlustig gegangen und doch voller Gier danach ist, eine Gesellschaft auch, die im Grunde kein öffentliches kritisches Bewußtsein mehr in sich trägt. Weil der Teufel in der Not bekanntlich Fliegen frißt, wird um so schneller der Ersatz goutiert: Wo die kritische Klientel mausetot ist, wird aus Günther Oettinger unbehelligt ein «Junger Wilder». Wo Indolenz den Staat macht, steht ein Falschparker bald im Ansehen eines Freiheitskämpfers. «Gegen *Deutschland den Deutschen!* gehalten, ist *Ich bremse auch für Türken* ein liberaler Satz. Gegen *noch nie ging es uns so gut* ist *wir haben Probleme* fortschrittlich und *die Natur stirbt radikal*», schreibt Roger Willemsen. Und schon Montaigne sprang dieselbe unheilvolle Wandlung ziviler Maßstäbe ins Auge: «Es scheint, daß die Zeit der eitlen Dinge dann anbricht, wenn uns die verderblichen bedrängen. Zu einer Zeit, in der ruchloses Tun so alltäglich ist, erscheint unnützes Tun fast als lobenswert.»

So fragwürdig sich der Begriff der «Konsensgesellschaft» als beklagenswerte Zustandsbeschreibung der wirtschafts- oder sozialpolitischen Lage ausnimmt – auch wenn er in diesem Sinn von Stoiber bis Westerwelle und von Tietmeyer bis Henkel vereinnahmt wird –, so richtig ist er, steht es an, die innere Verfassung der kritischen Öffentlichkeit in Deutschland zu kennzeichnen. Auch Wolfgang Sofskys Befund einer «Zeit der Konformität» erweist sich als Beschreibung des Geistesklimas im Deutschland der neunziger Jahre als nur allzu passend. In der Ära Kohl, die der «geregelten, milden und friedlichen Knechtschaft» der Tocquevilleschen Demokratie geistesverwandt zu sein scheint, beherrschen die öffentliche Diskussion statt kritischer Kreuzfeuer vorwiegend Konsensdebatten, die wie aus innerer Erschöpfung heraus geführt werden. Kohls propagandistische Allzweckwaffe Andreas Fritzenkötter steht für das Öffentlichkeitsverständnis einer Regierung, die mit der Kategorie einer kritischen Öffentlichkeit noch nie etwas anzufangen wußte und sie von Anfang an nicht nur abgelehnt, sondern unverstellt als Feindbild brandmarkte.

Die urdeutsche «Sehnsucht nach Synthese», wie es Ralf Dahrendorf gewendet hat, und eine nicht zu kurierende Furcht vor italienischen Zuständen prägen die öffentliche Szenerie. «Um dem Schmerz der Rat- und Hilflosigkeit zu entfliehen, redet man über Themen, die entweder gegenstandslos sind (Rechtschreibung) oder keine Ambivalenz erlauben (Goldhagen)», schrieb Ulrich Greiner in der ZEIT. Als Spiritus rector einer katastrophalen geistespolitischen Lage zieht er niemand Geringeres als den Kanzler selbst zur Verantwortung, dem er eine «Entpolitisierung der Politik» vorwirft, die «alle und alles längst ergriffen hat» und sich «als die totale Entpolitisierung der intellektuellen Öffentlichkeit» zeige. Andere legen in ihren Erklärungsansätzen mehr Gewicht auf eine paralysierte Bürgerschaft und stimmen in die selbstgefälligen Klagelieder über eine angeblich so protest- und gegnerlose «ruhige Generation der Jungen» ein. Die Generation der Zwanzig- bis Dreißigjährigen, so kann man lesen, sei heute einem hemmungslosen Hedonismus verfallen. Sie fahre lieber zur Love Parade nach Berlin oder zum Waschzuber-Rafting ins Freizeitparadies Tripsdrill als zum Jugendparteitag der CDU.

Ob das Problem im Heraufziehen einer neuen Generation der Weberschen «Genußmenschen ohne Herz, Fachmenschen ohne Geist» liegt, die Rückgrat heute nur noch im Fitneßraum zeigten; ob dem Nachwuchs die Freude abhanden gekommen ist, die eigenen Väter zu morden, oder ob es vielleicht doch die Eltern waren, die schon bald nach 1968 ihr kritisches Pulver verschossen hatten – letztlich bedauern alle dasselbe Dilemma: Mit einer gesteigerten inneren Sicherheit des Gesellschaftskörpers scheint dieser Tage auch die Pazifizierung des öffentlichen Geisteslebens einherzugehen. Ein wesentlicher Grund für diese Entwicklung ist die Inflationierung der kritischen Kategorie selbst, ein anderer die schleichende ideologische Einverleibung klassischer gesellschafts- und kulturkritischer Topoi ins Lager der Sachverwalter des Bestehenden, die sich dadurch allzuoft gegen Kritik zu immunisieren wissen.

Die öffentliche Kritik erscheint dieser Tage als eine selten lahme Weggefährtin, die dem gesellschaftlichen Leben das Geleit gibt – und das obwohl sie sich wie wildgeworden aufführt. Denn es stimmt nicht, wie französische Intellektuelle gerne zum besten geben, daß sich die Denker hierzulande in Schweigen hüllten – ob zum Bürgerkrieg in Bosnien oder zum Sozialstaat. Ihre Sprachlosigkeit kommt als eine lärmende daher in diesen Tagen. Zur allseitigen Verblüffung feiert nämlich gerade in diesen Zeiten eine bestimmte Menschengattung den Tief- als Höhepunkt aller Kritik und versetzt ihr damit vollends den Todesstoß: die Bataillone von Zeter und Mordio schreienden Querdenkern, die die deutsche Öffentlichkeit unter Besetzung halten. Wie pauschalreisende Touristen auf mallorquinischen Stränden bevölkern sie heute die Schlüsselstellen der Gesellschaft und deren Massenmedien. Ihr Tschinderassabum ist ohrenbetäubend, weil der Zeitgeist die Störung heiligspricht, Unruhe hochlobt, ohne nach Motiv und Inhalt zu fragen.

Für die Rolle des Biedermanns läßt sich kaum noch einer finden. Der gute alte Spießer führt sich heute als Spielverderber auf, räumt das Zielgebiet kritischer Attacken und erklärt seinerseits die Platzhirsche des angepaßten Lebensstils zum Freiwild. Das kritische Bewußtsein hat die Orientierung verloren – und scheint einstweilen den Querdenker als Lückenbüßer zu dulden.

IV Wie Kritik zur Attrappe wird

«Die Fliege, die nicht geklappt sein will, setzt sich am sichersten auf die Klappe selbst.»
Georg C. Lichtenberg,
Sudelbücher, 1789–1793

Wie konnte es soweit kommen? Der Querdenker steht am Ende der Geschichte des kritischen Bewußtseins, die lange Zeit die Geschichte der modernen Intellektuellen war. Sie beginnt mit der Emanzipation des kritischen Geistes aus den Fängen der Feudalität und des theologischen Animismus. Anfangs bewegten sich die Vertreter der neuen Kaste noch an recht eng geführten Zügeln, wie Joseph A. Schumpeter in seiner «Soziologie der Intellektuellen» schreibt, «und es war kein Spaß, über die Stränge zu schlagen». Der mittelalterliche Intellektuelle war ein Mann der Kirche, doch mit dem heraufziehenden Humanismus verließ er immer häufiger seine Klostermauern und betrat in der Tracht des Laien die Welt. Gegenstand und Grad seiner rhetorischen Schärfe waren noch sehr bedacht gewählt, denn in seinem Handeln hatte er viele Untiefen unzuverlässig protegierter Indemnität zu durchwandern, und er tat gut daran, sich zu mäßigen. Der Scheiterhaufen wurde in diesen Zeiten noch sehr schnell in Brand gesteckt, und es versteht sich, daß das Klima für öffentliche Kritik angesichts der drohenden Feuersbrunst ein eher unfreundliches war.

Aber dennoch ist der Intellektuelle der Renaissance schon bald nicht mehr nur rein philologischer Kritiker, sondern macht die innere Verfaßtheit und die Machtverhältnisse der Gesellschaft zum Gegenstand seiner Kritik. Mit Reformation und Aufklärung tritt der freie Geist endgültig seinen

Siegeszug über alles Doktrinäre und Dogmatische an, das trotz aller bestehenden inquisitorischen Mahnwachen beginnt, zur diskursiv verhandelbaren Angelegenheit zu werden. Den Obrigkeiten entgleitet allmählich das Monopol geistiger Autorität.

Defoe und Swift, später Voltaire und sein Antagonist Rousseau stehen für ganz unterschiedliche Typen des aufgeklärten Intellektuellen, dessen Kritik immer stärker von einem wachsenden, politisch räsonierenden Publikum diskutiert wird. Als die Restauration über Europa kommt, gerät diese Entwicklung ins Stocken, doch der Geist ist entfesselt und läßt sich nicht wieder in Ketten legen. Wie Schumpeter veranschaulicht, erweist sich schon die frühe Epoche der einsetzenden bürgerlichen Herrschaft als eine Periode, die den Intellektuellen zuträglich ist. «Dadurch, daß die Bourgeoisie die Intellektuellen als Gruppe ... verteidigt, verteidigt sie sich selbst und ihre Lebensform.» Eine bürgerliche Zensur kann die Intellektuellen immer wieder gängeln, sie jedoch letztlich nicht mundtot machen, weil sie damit ihrer eigenen Daseinsberechtigung den Boden entziehen würde. Der Aufstieg derer, die «Kritik als Beruf» betreiben sollen, vollzieht sich kontinuierlich und wird durch den ideologischen Ziehvater des kritischen Geistes selbst, den bürgerlichen Liberalismus, gefördert.

Dennoch verläuft die Entwicklung in Richtung einer Zivilrepublik vergleichsweise gebremst. Die deutsche Nation ist bekanntlich eine verspätete, und der vorauseilende Gehorsam kann hierzulande auf eine lange Tradition zurückblicken. Im Wilhelminismus herrscht ein repressiver Zeitgeist, der sich als «grand peur» bis in die zwanziger Jahre dieses Jahrhunderts zieht und nur langsam verflüchtigen will. Heinrich Manns Haßbild des obrigkeitshörigen Untertans repräsentiert die Seele des deutschen Kaiserreichs. Als sozialpsychologisches Sittenporträt bleibt es noch für die Weimarer Zeit bestimmend. Der «autoritäre Charakter», wie er später von Theodor W. Adorno konturiert wird, prägt auch die Geisteswelt der Publizisten.

Aber schon vor dem Fin de siècle verschafft sich eine intellektuelle Öffentlichkeit weiten Raum, die dieser Figur Paroli bietet. Nicht etwa Joris-Karl Huysmans «Gegen den Strich» von 1884, als ästhetizistische Streitschrift eines Eskapisten inmitten eines epigonalen Zeitalters, steht dafür ein, auch nicht die Literaturerzeugnisse der Bohème, sondern intellektuelle Instanzen wie Max Weber und die Brüder Mann. Andere, die sich mit dem Parlamentarismus nach 1918 leichter anfreunden und denen die geschäftige Glanzlosigkeit der Weimarer Republik lieber ist als das aufgeblasene Pathos des untergegangenen Kaiserreichs, Karl Kraus etwa oder Kurt Tucholsky, räumen schließlich ihrer Zunft die letzten Hürden aus dem Weg, die den Brückenschlag in die Gegenwart verhinderten.

Nach 1945 und in den fünfziger Jahren durchziehen zwei ambivalente Strömungen die öffentliche Kritik in Deutschland. Diese Epoche gilt heute vornehmlich als jene restaurative, betuliche Zeit des unpolitischen «Ohne-mich!», als «motorisierter Biedermeier» (Erich Kästner). Aber die öffentliche Kultur der Deutschen nach 1945 ist wesentlich komplexer: Auf der einen Seite entsteht nach der Furcht vor einer überwundenen totalitären eine neue vor der real existierenden Doktrin im Osten. Anstelle neuer «Experimente» setzt sich die pragmatische Politik der Adenauerschen Kanzlerdemokratie durch, der von der allgemeinen Bevölkerungsmentalität durchaus der Rücken gestärkt wird. Der intellektuelle Kritiker erscheint in der Atmosphäre des Ärmelaufkrempelns als Risiko einer neuen Ruhe. Nicht nur von Adenauer und seinem politischen Personal wird er als «Nonkonformist» abgekanzelt, ein Begriff, der in den fünfziger Jahren im denkbar negativen

Sinn verstanden wird, und dem der heute so unvergleichlich attraktive Revoluzzer-Bonus nachhaltig verweigert wird. In der jungen Bonner Demokratie ist er nicht ohne weiteres geduldet, ihm wird das Leben schwergemacht. Andererseits erblüht schon bald eine lebhafte demokratische Zivilkultur, die der politischen Apathie der «skeptischen Generation» (Helmut Schelsky) durchaus mehr entgegenzusetzen wußte, als man heute meint. Ob markiert durch die Gruppe 47 oder die aufbrechende Bonner Zeitungsrepublik – schon die Frühzeit der öffentlichen Kritik im Nachkriegs-Deutschland kann, wie Wolfgang Kraushaars «Protest-Chronik 1949–1959» zeigt, im Grunde schon als Vorgeschichte von 1968 gelten.

Die abendländische Geistesgeschichte eines öffentlichen kritischen Bewußtseins und seiner Protagonisten ist trotz aller Friktionen und Hindernisse, die es zu bewältigen hatte, eine Geschichte eines steten qualitativen Zugewinns von Räumen öffentlicher Artikulation – eine Geschichte auch seiner steten Erweiterung innerhalb der öffentlichen Sphäre, die in der außerparlamentarischen Oppositionsbewegung der Sechziger kulminierte. 1968 war der abschließende Höhepunkt eines überfälligen demokratischen Protestes, der trotz jenem von Richard Herzinger schonungslos aufgezeigten «aggressiven Revolutionsromantizismus» legitim war, weil er sich gegen einen anachronistischen Elitenpaternalismus wandte. Aber das Datum markiert zugleich auch den Anfang eines Niedergangs – der Idee einer wahrhaft kritischen Republik nicht nur kritischer Intellektueller, sondern auch, wovon Rudi Dutschke geträumt hatte, kritischer Staatsbürger. Jürgen Habermas hat in seinen Betrachtungen zur bürgerlichen Öffentlichkeit von ihren Anfängen bis in die frühen sechziger Jahre einen Zerfallsprozeß beobachtet, der als «Strukturwandel der Öffentlichkeit» nicht nur unter Sozialwissenschaftlern bekannt wurde. In seinen Augen veränderte sich die bürgerliche Öffentlichkeit unter dem Druck moderner rationalistischer Entwicklungen in Staat und Wirtschaft in einer Weise, die die einst hoffnungsfroh angetretene Idee der zivilen Öffentlichkeit in der bürgerlichen Gesellschaft geradezu pervertierte. Der Strukturwandel, den man heute beobachten kann, ist jedoch ein anderer, nämlich ein Wandel des kritischen Bewußtseins selbst.

Ziviler Ungehorsam als Breitensport

Die Entwicklung ist das unbeabsichtigte Endergebnis eines 1968 eingeläuteten Feldversuchs, der sich das Ziel einer totalen Politisierung der Gesellschaft gesetzt hatte. Schon bald danach begann diese Forderung konkrete Gestalt anzunehmen. In den neuen sozialen Bewegungen, angesiedelt um die Protestkerne Ökologie, Frieden, Erziehung und Frauen, wurde die Graswurzeldemokratie zum mehrheitsfähigen Lebensentwurf gerade der akademischen Schichten.

Das kritische Bewußtsein diffundierte durch die Gesellschaft und missionierte große Teile von ihr. Tag für Tag eroberte es neue Milieus, die eigentlich bis dato gegen den Virus der Aufmüpfigkeit immun gewesen waren. Schlagersänger, Religionslehrer und Ordinarien legten sich quer. Aufwieglerische Aufkleber ließen arglose Schulranzen, Kühlschränke und Heckscheiben zu Stätten des Widerstands geraten. Ob im Klassenzimmer oder im Kindergarten, ob im Supermarkt oder an der Bushaltestelle – ziviler Ungehorsam wurde zum Breitensport. Ob beim «Rock gegen rechts» oder beim Volkszählungsboykott – für den kritischen Geist war es ein leichtes, je nach Anlaß Massendefilees rhythmisierter Rowdies oder verbiesterter

Neinsager aufzubieten, allesamt Dissidenten und Widerstandskämpfer, Freischärler der Gerechtigkeit im Dienst der guten Sache. Politisch Verfolgte gingen in Massen an die Öffentlichkeit. Beschämt blickte zur Seite, wer nicht vorweisen konnte, wenigstens mutmaßlich Observationsobjekt von BND und CIA zu sein. Als Spießer geächtet war bald, wer nicht in konspirativen Wohnungen zu Hause war oder wenigstens im Kellerregal zwischen Einweckgläsern und Mutters Marmelade ein paar faule Eier hortete, um im Bedarfsfall den elenden US-Imperialismus zu sabotieren.

Schon bald ästhetisierte sich die neue populäre Protestkultur, wenn auch in einer Art, die noch den geringsten Anflug an Eleganz als latent chauvinistisch kompromittierte. Rasch schlug sie sich in einem sozialpsychologischen Habitus nieder, der sich überraschend lange halten konnte und vereinzelt selbst heute noch zu Tage tritt. Bei vielen heute Fünfzig- bis Sechzigjährigen verrät sich das emanzipatorische Gesinnungserbe noch immer in identifikationsstiftenden optischen Restkategorien wie etwa dem Epplerschen Käpt'n-Ahab-Bart oder in der reflektierte Gelassenheit verkörpernden Pfeifenraucherkultur. Die weibliche Variante dieses Typs erfüllt wohliger Schauer im Angesicht des klagenden Pinselstrichs von Frida Kahlo. Sie präsentiert sich gerne in wallender Gewandung und wandelt mehrriemig festgezurrt auf ergonomisch geformten Fußbetten durch die Regalreihen überteuerter Bioläden. Wenn ihre pädagogische Sozialisation zum Nachwuchsprotestler erfolgreich verlaufen ist, trägt die Söhne- und Töchtergeneration vornehmlich schwarzes Leder, das Material allen Protestes. Dazu, bei abnehmender Bedeutung des einstmals noch obligatorischen Palästinensertuchs, den einseitig angebrachten Ohrring, der zeitlos die eigene Subversivität herauszustreichen scheint. Erfreut sich diese Generation abermaligen Nachwuchses, so gilt geschlechtsindifferent ein über die normale Haarlänge rattenschwanzartig hinauswachsendes Zöpfchen als Brandmal des Aufwieglertums. Die Eltern versehen ihren Zögling frühzeitig damit, um einerseits die unvergleichliche Individualität des Kindes öffentlich zu machen, andererseits jedoch um einer Abweichung von der elterlichen Parteilinie einen Riegel vorzuschieben. Gemeinsam betreiben sie einmal im Jahr sanften Tourismus abseits ausgetretener Touristenpfade, wobei sie sich regelmäßig darüber echauffieren, daß ihr als unentdeckt gewähntes Urlaubsziel haufenweise von gleichgesinnten Aussteigern bevölkert ist. Interfamiliär wird der Konformismus methodisch in symbolischen Handlungen desavouiert, wie zum Beispiel dem Boykott winterlichen Erdbeerkaufs, einem gesteigerten Mülltrennungsbedürfnis oder der standhaften Weigerung, durch den Gebrauch von Ausdrücken wie «Mohrenkopf» oder «Negerkuß» verbale Rassendiskriminierung zu verüben. Beatrix Novy berichtet in ihrem «Kleinen Benimmbuch für unkorrekte Zeiten» mit dem Titel «Du darfst – aber was?» noch mehr über die neue aufgeklärte, ökologisch und politisch korrekte Alltagsmoral.

Der erstaunlichen Verbreitung des kritischen Bewußtseins leistete ein Bildungsboom Vorschub, den die neue kritische Generation selbst auf die Bahn gebracht hatte. Ihr eigenes Bewußtsein verdankte diese Generation erstmals in der Geschichte – ganz unmarxistisch – nicht ihrer ökonomischen Seinslage, sondern gerade ihrer Bildung. Die Frucht, gesät einst vom Marquis de Condorcet, begann erst in den siebziger Jahren des 20. Jahrhunderts zu keimen. Ein zur Macht gekommener Liberalismus bedeutete nun nicht mehr nur die feierliche Inaugurierung des kritischen Geistes zum Gebieter über Kultur und Gesellschaft, sondern jetzt auch einen steten Anstieg des Bildungsniveaus der Bevölkerung. Er zog das zahlenmäßige Wachstum derer nach sich, die sich nun zu den potentiellen Adressaten intellektueller Botschaften zählten, sich jedoch auch selbst schon bald zu Wort meldeten.

Es war dieselbe Generation, die neben dem tiefen Bedürfnis, ein immerzu kritisch hinterfragtes Leben zu führen, auch den psychologischen Mechanismus öffentlich geäußerter Kritik begriffen hatte, sozial zu hierarchisieren, eine Rangfolge der kritischen Geister festzulegen. Auch aus diesem Grund erzog sie ihre Kinder gemäß der neuen Idee. In der Schule las die so infiltrierte Nachkommenschaft Max Frisch, gerne auch die *Träume* von Günter Eich. Auch wenn sie die Welt nicht erlebt hatten, gegen die sich diese Autoren auflehnten, wollten sich Scharen von Schülern bald mit Eich und Frisch gegen alles und jeden wehren. Sie rezipierten ihre Sätze und taten mit Verve und Elan, was sie ihre Lehrer hießen, wenn sie rieten, Eich als inneres Rüstzeug fürs Leben zu gebrauchen: «Nein, schlaft nicht, während die Ordner der Welt geschäftig sind! Seid mißtrauisch gegen ihre Macht, die sie vorgeben für euch erwerben zu müssen! Wacht darüber, daß eure Herzen nicht leer sind, wenn mit der Leere eurer Herzen gerechnet wird! Tut das Unnütze, singt die Lieder, die man aus eurem Mund nicht erwartet! Seid unbequem, seid Sand, nicht das Öl im Getriebe der Welt!»

Die Ideologen der Achtundsechziger-Generation politisierten nicht nur erfolgreich die Gesellschaft, sondern auch das eigene Ich, zumal als offensichtlich wurde, daß die Politisierung den einzelnen nur allzu häufig überforderte. Viele jener gebrannten Blumenkinder zogen sich in die Refugien der selbstversunkenen Innerlichkeit zurück und machten sich daran, selbst noch die eigene Seele zum Gegenstand der öffentlichen Auseinandersetzung zu deklarieren. Psychogruppen setzten größtmögliche Energien in Gang, um einem vom kapitalistischen System auch in der sexuellen

Sphäre ausgeübten Obskurantismus das Handwerk zu legen. Durch die Politisierung der Intimität bewirkten sie, wie Reinhold Roth sagt, eine «Intimisierung politischer Kommunikation», auch wenn mit der radikalen Veröffentlichung des Privaten nur allzu drückende Kleingruppenzwänge erzeugt wurden, «die den ursprünglichen Befreiungsabsichten hohnsprachen». «Nicht die Erfüllung geltender Rollenmuster fördert die Selbstachtung», lehrte nach Heinz Bude die Dogmatik von 1968, «sondern allein das Gehorchen der inneren Stimme. Das einst Uneingestehbare wird so Garant der eigenen Authentizität. Daher das steigende Interesse an den Formen eines sozial legitimierten Sprechens über Intimes und Verborgenes, daher der populäre Erfolg der Psychoanalyse nach 1968.» Die Proliferation der kritischen Lebenseinstellung durch die Protestkultur der Achtundsechziger führte dazu, daß in einer Art von sozialem Nudismus selbst das Private zur politischen Angelegenheit wurde. Daß Menschen Leiden verspüren, sei nicht neu, sagt er, wohl aber, daß «dies nicht als persönliches Unglück, sondern als gesellschaftliches Unrecht empfunden» wurde.

Die viel gescholtene Egoismus- und Individualismuswelle der achtziger und neunziger Jahre ist eine Erblast dieses Denkens. Von der eingehämmerten Notwendigkeit solipsistischer Selbstverwirklichung führte ein direkter Weg zur schonungslosen Heiligung des Ichs, wie sie die Flucht nach innen nach dem Scheitern der achtundsechziger Revolte vorangetrieben hatte. In Fritjof Capras New Age oder in den landläufigeren Bemühungen hausfrauenkompatibler Massenesoterik, die sich zu autotherapeutischen Schrei- und Schwitzseminaren oder selbsterfahrenden Menstruationskursen auswuchsen, gedieh die Autopolitisierung des Ego, die einst das kritische Denken angekurbelt hatte, derart, daß viele selbst noch ihre intimste Scham als eine öffentlichkeitstaugliche zu verstehen anfingen. Die Heroen von damals sind heute sogar stolz darauf. «Heute brauche ich nur den Fernseher einzuschalten, und ich sehe in jeder Talk-Show, wofür wir gekämpft haben: daß die Leute über ihr Intimleben reden und daß die Beziehungen offener sind», wird der Begründer der «Kommune 1», Rainer Langhans, in der *Frankfurter Allgemeinen Zeitung* zitiert.

Öffentliche Offenheit war das Gebot, das von einem kritischen Bewußtsein errichtet wurde, dem nichts mehr im Wege stehen sollte. In den Talk-Shows von Ilona Christen, Bärbel Schäfer, Jürgen Fliege und Hans Meiser erlebt die gegenwärtige Gesellschaft den schrillen Auswuchs dieser Entwicklung, wenn täglich neu die zur Tugend erhobene Impertinenz höchst profitabel zelebriert wird und selbst noch die dunkelsten Seelengründe zur disponiblen Manövriermasse werden. Was 1968 niedergeknüppelt wurde, wird heute kurz und klein toleriert. Offenheit verkommt zum normativ abgesicherten Totschlagargument, propagiert wird die «authentische Gefühlsechtheit» (Cora Stephan), die alles, was sich ihr nicht fügen will, dem Macho-Verdacht anheimstellt. Meinungsfreiheit mißrät zur verfassungsrechtlichen Garantie heillosen Geschwätzes, das Fernsehen selbst, im Urteil Pierre Bourdieus, zu ihrem Totengräber. Der Talkmaster, der in die Rolle des öffentlichen Therapeuten schlüpft, verkörpert die moderne Version des Schaubuden-Impresarios der alten Jahrmärkte, der gegen bare Münze Einlaß in sein Abnormitätenkabinett gewährt. Er heilt nicht, sondern verkauft: das möglichst skurrile Schicksal seines Gastes, dessen unkonventionelle Angst und seine nicht alltägliche Not. Damit der, dem das zweifelhafte Heil einer öffentlichen Vivisektion zuteil wird, auch wirklich alles offenlegt, errichtet der Talkmaster aus dem Stegreif einen Raum virtueller Toleranz. Sein täglicher Job ist es nicht, zu helfen, sondern so lange zu stochern, bis der Gast seine Hosen herunterläßt. Seine Meisterschaft besteht darin, das Zurschaustellen der Peinlichkeiten anderer als einfühlende seelsorgerische Hilfsaktion zu drapieren und den Gast so in Szene zu setzen, daß dieser seinen eigenen Exhibitionismus noch als beispielhafte solidarische Sozialtat verstehen darf.

Kritik als Alibi

Zwanzig Jahre nach 1968 war das große Experiment abgeschlossen. Das kritische Bewußtsein hatte die letzte Zwingburg des autoritären Geistes geschliffen. Jürgen Habermas konnte in der *Frankfurter Rundschau* unter der Überschrift «Der Marsch durch die Institutionen hat auch die CDU erreicht» vermelden, daß die deutsche Kulturrevolution von 1968 einen «Prozeß der Fundamentalliberalisierung» ausgelöst habe, der nun auch die politische Rechte erreiche. Die Modernisierung der CDU unter Kohl, erklärte einst der Journalist Werner A. Perger, sei letztlich auch der Bewegung von 1968 geschuldet. Ein Verdacht erhärtet sich. Kohl also doch in den Fußstapfen der APO, letztlich ein Epigone kiffender Kommunarden und krakeelender Krawallmacher? «Genauso wie jede Partei ihre Achtundsechziger vorweist, sind nach 1968 alle politischen Parteien mehr oder minder sozialdemokratisch geworden», schreibt Heinz Bude in seinem Buch über die Jahrgänge 1938 bis 1948 «Das Altern einer Generation». «Es sieht so aus, als sei eine soziale Bewegung erfolgreich verschwunden und eine Generation sei übriggeblieben.»

Die Verbreitung des kritischen Bewußtseins zeigte sich als so allgewaltig, daß es nicht nur sämtliche Schichten und Milieus zu erfassen vermochte, sondern selbst die konservativen Parteien, die sich im Zeitalter der Gleichheit nun sämtlich liberalisierten. Wenn auch nur äußerlich, klandestin oder notgedrungen, so doch in jedem Fall mit einem paradoxen Effekt: Je mehr sie sich ehemals fremder ideologischer Ressourcen bedienten, desto stärker entideologisierten sie sich zu geistig weitgehend profillosen Gebilden.

Die gleiche Diffusionsbewegung zeigt auch die Entwicklung des Begriffs der «Reform» in den letzten Jahrzehnten. Anfänglich Kampfparole der außer- und auch innerparlamentarischen Protestbewegungen der sechziger Jahre, verband sich mit ihm immer der Leitgedanke von mehr sozialer Gerechtigkeit. Kaum hatten die Union und ihre Ideologen um Heiner Geißler den Schock verwunden, daß der Begriff in turbulenten Zeiten äußerst positiv besetzt war und die eigene Partei höchstens noch Rückzugsgefechte lieferte, strengte sie nach der politischen Wende von 1982 einen erbitterten Kampf um den Begriff an, der nicht länger den Linken vorbehalten sein sollte.

Hatte Heiner Geißler anfangs noch angesichts des Einzugs der Grünen in den deutschen Bundestag tollkühn ein verfassungsrechtliches Verbot der neuen Partei gefordert, sattelte er nun ein anderes Pferd, als abzusehen war, daß solche Positionen kaum auf großen plebiszitären Rückhalt hoffen konnten, und schwang sich aus dem Stand zum Modernisierer seiner Partei auf. Gekonnt säuberte er den Begriff von seinem negativen Beigeschmack. Die Union eroberte ihn und integrierte ihn in die staatsloyale Nomenklatur. Wo er jedoch früher noch ein Synonym für mehr Solidarität gewesen war, wurde er nunmehr logistisch umgerüstet, um für gänzlich Konträres eine Lanze zu brechen.

«Reform bedeutet inzwischen», schrieb Jochen Hippler im Januar 1997 in der *Badischen Zeitung*, «den Sozialstaat teilweise abzubauen, Bürgerrechte einzuschränken (wie beim großen Lauschangriff und der Änderung des Asylrechts), es bedeutet, die Renten zu besteuern und den Markt über das Allgemeinwohl zu stellen. Reform bedeutet auch, die Steuern für die Spitzenverdiener kräftig zu senken und die für Normalverbraucher hier zu senken und woanders zu erhöhen.»

Genau der gleiche ideologische Mechanismus läßt sich für den Begriff der «öffentlichen Kritik» selbst zeigen. Erst die öffentliche Meinung der sechziger Jahre rehabilitierte ihn von dem Verdacht, für Quengelei und ungerechtfertigte Krittelei der ewigen Kritikaster zu stehen, und verlieh ihm eine verklärende Note, die ihn plötzlich zum Inbegriff einer höchstlöblichen Bürgertugend machte. Zur gleichen Zeit, als sich diese terminologische Kehrtwende vollzog, kam auch hier der Besetzungskampf um einen Begriff in Gang, den nun die ursprünglich Kritisierten für sich beanspruchten. Heiner Geißler hat sich stets als Mann vom Fach erwiesen, ging es darum, mißliebige wie gefährliche Kritik von außen in seine Partei zu integrieren, mit dem Ziel, sie besser beaufsichtigen zu können, um sie dann, gezähmt, als Teil der eigenen Politik auszugeben, die jedes fortdauernde Störfeuer als unberechtigt erscheinen läßt.

Das von Mechtild Jansen beschriebene «Claudia-Nolte-Phänomen» macht deutlich, daß auch Helmut Kohl die Klaviatur dieses kulturellen Hegemonie-Effektes virtuos beherrscht. Er verlegt sich darauf, unliebsame Probleme zu entsorgen, indem er diese einfach ressortpolitisch löst. Der Ablauf folgt immer demselben Muster, das einem häufig zu beobachtenden Reflex zu folgen scheint: Der Kritisierte unterläuft die Kritik, bemächtigt sich ihrer und instrumentalisiert sie gegen seine Kritiker.

Im Grunde jedoch sind von diesen politischen Abnutzungserscheinungen, die über kurz oder lang aller Kritik den Stachel ziehen, nicht nur die Parteien, sondern das gesamte politische System betroffen. Zwar ist es dessen wesenseigenes, der Logik der Selbsterhaltung folgendes Stilprinzip, sich gegen potentielle oder faktische Kritik präventiv zu immunisieren, indem es sich diese einverleibt. Und immer schon ist jede Kritik zu einem gewissen Grad in das politische System integriert, seit sie mit dem modernen Parlamentarismus in Form der Opposition institutionalisiert wurde. Die Stoßkraft und Qualität kritischer Intellektualität jedoch nimmt nach wie vor mit dem Grad ihrer wichtigsten Eigenschaft zu und ab: ihrer Unabhängigkeit.

Es ist ein Grundproblem aller öffentlichen Kritik, daß sich ihre Siege als Pyrrhussiege erweisen können: Im Augenblick ihrer gesellschaftlichen Akzeptanz kommt sie selbst in die Bedrängnis, weiterhin Hüterin der kritischen Botschaft zu bleiben, zumal dann, wenn sich die kritisierte Institution als flexibel erweist und die Kritik verinnerlicht. «Im 16. und 17. Jahrhundert», beobachtete Anton C. Zijderveld in seiner Untersuchung «Humor und Gesellschaft», «verlor der Hofnarr in zunehmendem Maße seine Position als Randfigur. Immer weniger war er der Außenseiter, der trotz seiner Popularität beim König und seines Einflusses auf ihn doch immer ein Fremder blieb. Ganz langsam schob er sich an das Zentrum des Sozialsystems heran. Seine Macht beruhte immer auf der paradoxen Tatsache, daß er zwar im sozialen System eine Funktion besaß, ohne aber wirklich ein Teil dieses Systems zu sein. In der zweiten Hälfte des 16. Jahrhunderts begann dieses Paradox zu verschwinden: In zunehmendem Maße wurde er Teil des Establishments.» Nach Hunderten von Jahren kehrt heute das kritische Denken in der Gestalt des Querdenkers dorthin zurück, wovon es sich einst mühsam freigekämpft hatte. Der Freigeist mutiert zurück zum Scholastiker und wird wieder zum «Mitglied einer Klasse oder eines Standes, dessen scholastische Denkweise ihm das Denken als solches repräsentiert» (Karl Mannheim).

Gegenwärtig droht dem öffentlichen kritischen Bewußtsein das Schicksal, weitgehend mediatisiert zu werden, indem der Querdenker dem unabhängigen Intellektuellen den Rang abläuft. Vom Außenseiter, einem Häretiker im extremsten Fall, der die Wahl einer konkurrierenden Anschauung der gängigen vorzieht, setzt sich der Querdenker durch seine Zugehörigkeit zum System ab, gegen das er sich offiziell wendet. Aber selbst gegen den nur allzu ehrenhaften Auftritt als Agent provocateur in den Vorzimmern der Macht, der erworbenes Wissen einem Kassiber gleich in die Öffentlichkeit schmuggelt, sträubt er sich nach Kräften. Schon eher ist der Hofnarr sein Alter ego, eine immanente Größe der logistischen Intelligenz, die eine stabilisierende Funktion ausübt, weil sie nicht tatsächlich Kritik leistet, sondern nur sagt, was amüsiert und gern gehört wird.

Ähnliches gilt auch für die Massenmedien als Agenturen öffentlicher Kontrolle. Das Eindringen des Querdenker-Virus in die Redaktionsstuben hat besonders verheerende Folgen: Wenn die Institutionen, die Politik und Gesellschaft durch die kritische Brille betrachten, selber durchsetzt sind von Repräsentanten einer Anschauung, deren kritische Kapazität eine rein instrumentelle ist, entsteht eine bedenkliche Schieflage. Im Berufsethos des Journalisten Heinz Klaus Mertes verdichtet sich diese anmutige Seiltänzerei beispielhaft. *Report* aus München, das Politmagazin des Bayerischen Rundfunks und *die* Querdenker-Sendung par excellence, gibt eine weitere Variante dieses wackelnden Balanceakts ab. In den Reihen seiner Redakteure mit Siegmund Gottlieb an der Spitze, allesamt einst wie jetzt vorauseilend-staatsloyale Herolde und Erfüllungsgehilfen ihrer politischen Ziehväter, haben die Spätfolgen von 1968 eine eigentümliche Sinnesart erzeugt. Der lodengestärkte und hirschhorngeknöpfte Duktus bajuwarischer Hofberichterstattung hat die unruhige Zeit unbeschadet überlebt und sich, wenn auch zähneknirschend, den kritischen Stimmungszwängen der Epoche untergeordnet. Das zeitigte den merkwürdigen Effekt, daß die altdeutsch-stramme Siegelring-Gesinnung, die noch während jeder Sendung durch die Studiokulissen wabert, sich heutzutage in Ornamentik und Tenor linkskritischer, ja investigativer Agitation Gehör verschafft, ohne freilich ihren kruden apologetischen Grundcharakter einzubüßen. Seither schlagen die verbissenen Macher der Sendung ihre Schlacht ausgerechnet mit den erprobten Waffen aus dem Arsenal der Linken – allein mit dem Unterschied, daß sie sich Prätorianern gleich todesmutig in die Schußlinie werfen, geht es Kohl, Stoiber oder Waigel an den Kragen. Frei nach dem Motto «Angriff ist die beste Verteidigung» halten sie der staatstragenden Gesinnung die Stange und ihr alle unliebsamen Kritiker vom Hals. Sie erweisen damit ihren politischen Gewährsleuten einen Bärendienst. Über den öffentlich-rechtlichen Auftrag, wie er in der Idee der bundesrepublikanischen Medienöffentlichkeit begründet liegt, nämlich tatsächlich im Sinne einer «vierten Gewalt» öffentliche Kritik an der herrschenden Politik zu äußern, rümpfen sie verächtlich die Nase. Statt dessen kaprizieren sie sich viel lieber darauf, mit ihr gemeinsam auf die Jagd zu gehen. Die Lektion, daß nur seriös erscheint, wer sein Kuschen kritisch verbrämt, haben sie gelernt.

Trotz durchdringendem Säbelrasseln ist das Betätigungsfeld des Querdenkers der harmonische Rayon des Appeasements. Das anarchische Moment des politischen Nonkonformisten verwelkt, wo es noch nicht abgestorben ist. Genauso seine systemkritische Funktion. Politik, Wirtschaft sowie der gängige Kulturbetrieb haben gelernt, sich Querdenker als Hofschranzen und Handlanger zu halten.

Als Hofnarren tummeln sie sich wie die Maden im Speck der Institutionen, denen sie dienen, sind Garanten und zugleich schlechtes Gewissen der bestehenden Ordnung, kanalisieren störenden Unmut und federn ihn ab, bevor er gefährlich wird. Fernseh-Talkrunden werden bestückt mit lächelnden Querdenkern, die die Rolle der «standardisierten Widerrede» besetzen, wie es Klaus Bittermann genannt hat. Noch während der Abspann der Talkrunde läuft, üben sich die Kombattanten im feixend-kumpelhaften Shakehands. «Aus der lumpenproletarischen Bohème ist die Gruppe der gutbezahlten Kulturfunktionäre zur Respektabilität der manageriellen und bürokratischen Führungsschichten aufgestiegen», schreibt Jürgen Habermas. Die Avantgarde verschwindet als Trägerin einer kritischen Mission – auch wenn sie dem Namen nach fortbesteht – und kehrt als Massenbewegung zurück, die paradoxerweise einen elitären Anspruch hegt.

Eines der letzten Kapitel der Vulgarisierung des kritischen Bewußtseins ist neben dem Querdenkertum die sogenannte Political Correctness. Als Ausdruck eines abgewirtschafteten kritischen Bewußtseins unterzieht sie heute alle gesellschaftlichen Teilbereiche einer schonungslosen Revision auf Restkategorien obwaltender Diskriminierung und Repression und gibt dadurch vor, die gesellschaftlich-moralische Nachfolge der Außerparlamentarischen Opposition der sechziger Jahre anzutreten.

Sie ist die alltagstaugliche Variante des 68er-Moralismus in einem paramilitärischen Stadium. Dieser war mit dem gewaltigen Anspruch auf den Plan getreten, eine wahrlich egalitäre Gesellschaft zu schaffen. Sie sollte keine Privilegien mehr dulden und Minderheiten endlich rehabilitieren, wo diese noch unterdrückt waren. Der moralisch-korrekte Geist spürte Sexisten und Rassisten auf, wo sie keiner vermutet hätte. Er schickte sich an, zu verteidigen, zu schützen und zu bemitleiden auch dort, wo sich die Betreffenden ihrer eigenen Diskriminierung noch gar nicht bewußt waren. Er leistete Sexismus- und Faschismusprophylaxe, zur Not mit den Mitteln der Inquisition. Eine neue Elite borniener Empörungskünstler bildete sich heraus, die seismographisch genau den Puls der Zeit abtasteten und mit Argusaugen über die kleinste Grenzüberschreitung wachten. Um endlich Gerechtigkeit zu etablieren, hat die politische Korrektheit einem neuen fundamentalmoralischen Denken den Boden bereitet.

Als komplementäres Phänomen des kritischen Denkens und Diktat einer übermütig gewordenen Vernunft erblüht gleichzeitig das Querdenken als eine bis zur Besinnungslosigkeit überspannte sittliche Kategorie. Diese hat gerade dadurch erheblich an Schlagkraft eingebüßt, daß sie popularisiert und dynamisiert wurde. Was in überschaubaren Lebenszusammenhängen eine wohltätige Errungenschaft war, erwies sich im Großen als fehlgeleitetes Projekt, das unter der Zauberformel «Partizipation» den Querdenker dieser Tage heraufbeschworen hat. In seiner Person erwuchs dem über die Jahrhunderte mit der kritischen Mission betrauten Intellektuellen mißliebige Konkurrenz. Die Forderung nach mehr Emanzipation und auch das Erreichen von Freiräumen politischer Teilhabe erstarrte schließlich in einem individuellen Zwang zum öffentlichen Urteil. Aus einer ehemaligen Forderung nach mehr Meinungsfreiheit wurde in der Person des Querdenkers die sich selbst genügende Pflicht, überhaupt eine eigene kritische Meinung zu haben.

Streitsüchtig, polarisierend, nur die Extreme von Schuld oder Unschuld gestattend, entpuppt sich seither das kritische Bewußtsein als eine Verhaltensnorm, die den Widerspruch heiligt, weil er als verdienstvoller Nachweis für die allzeit sensibilisierte Beobachtungsgabe des Bedenkenträgers gilt. Kein sozialer Regelverstoß vermag seinem klaren Blick zu entgehen. Dieses Denken nennt «nur den einen *bewußten* Menschen, der in seinem Sinn *kritisch* ist – und relegiert alle, die die speziellen Inhalte dieser Kritik nicht teilen, auf die Stufe dumpfer Umnachteter», schreibt Dieter E. Zimmer. Nonkonformismus wird zum Gütesiegel geistiger Sensibilität, die wiederum unverbrüchliche soziale Intelligenz attestiert, aber gleichzeitig zum neuen Konformismus einer aufgeregten, mental abgenutzten Wohlstandsgesellschaft wird. Das ehemalige kritische Bewußtsein, das Toleranz forderte, um sich selbst als öffentliche Kategorie zu ermöglichen, entfesselt eine neue Tyrannei, die schließlich in einen autistischen, objektlosen und gänzlich intoleranten Nonkonformismus mündet. In seiner sprachregelnden Wut führt dieser die Kategorie der öffentlichen Kritik selbst ad absurdum, auch wenn er, wie Robert Hughes schreibt, «mit einem saccharinsüßen Hang zu Euphemismen einhergeht». Seine nicht versiegende Triebkraft ist die gleiche, die alle Intoleranz beflügelt: der Drang, seinesgleichen die eigene Meinung als die einzig richtige zu verkaufen.

John Stuart Mill sah sich 1859 noch genötigt, «Nonkonformität» zu fordern, «die bloße Weigerung, das Knie vor der Gewohnheit zu beugen»: «Gerade weil die Tyrannei der öffentlichen Meinung derart groß ist, daß sie die Exzentrizität zu einem Makel macht, ist es wünschenswert, daß Leute, um diese Tyrannei zu brechen, exzentrisch sind.» An der Schwelle zum 21. Jahrhundert scheinen die Massen Mills Aufruf zu ihrem Lebensmotto gemacht zu haben. So exzentrisch wie möglich, vergöttern sie die Individualität – natürlich am liebsten die eigene. Querdenken ist Ausdruck des Wohlgefallens an einer Existenz als Minderheit, die im besten Fall nur aus einer Person besteht. An die Stelle der «Tyrannei der Mehrheit», die Mill durchbrechen wollte, ist die Tyrannei der Querdenkerei getreten.

Das kritische Bewußtsein selbst verflüchtigt sich im Zeitalter des Querdenkers. Was zurückbleibt, ist nur mehr eine affektierte sportive Simulation, ein spielerisches Schattenboxen. Querdenken ist Phantomkritik im Mickymaus-Zeitalter. Kritik wird degradiert zur reinen Erlebniskategorie eines «puerilisierten» Homo ludens der modernen Zeit, den Johan Huizinga schon vor über einem halben Jahrhundert heraufdämmern sah. Für dessen Erscheinen machte er im Brustton eines elitären Selbstverständnisses den «Eintritt der halbgebildeten Massen in den geistigen Verkehr, die Erschlaffung der moralischen Wertmaßstäbe und die allzu große Leitfähigkeit, die Technik und Organisation der Gesellschaft beschert haben», verantwortlich. Querdenken ist Teil eines Lebensentwurfs, der die frühkindliche Trotzphase zum Lebensprinzip verlängert und sich in einem narzißtischen Frondieren selbst verwirklicht.

Dem öffentlichen kritischen Bewußtsein hat heute das Stündlein geschlagen, weil sich jede Art der Normenverletzung zur sozialen Norm, Devianz zum Konformitätserfordernis gemausert hat. Je eindrucksvoller das kritische Bewußtsein seinen Siegeszug antrat, desto stärker setzte ihm dieser heimtückische Wirkungsmechanismus zu. Nicht das Kritikvermögen setzte sich durch, sondern nur sein äußerer Gestus, die unverbindliche kritische Phrase. Die Ästhetik des Widerstands konnte endlich erblühen – und das in nie gekanntem Ausmaß. Im Moment der höchsten Attraktivität des kritischen Bewußtseins mutierte Kritik zur Attrappe.

Das traditionelle kritische Bewußtsein ist ohne ein Verantwortungsgefühl für das Ganze, auf das es sich bezieht, undenkbar. In Gestalt des Querdenkers ist dieses Verantwortungsgefühl zu einer Attitüde geworden, die sich an sich selbst berauscht. Sie ist Abbild einer Epoche, die Kritik zur Ware gemacht hat. Die Intellektuellen scheinen zu kapitulieren und räumen das Terrain. Sie laufen entweder über oder flüchten in die Einsamkeit ihrer Elfenbeintürme. Die Suche nach einem dritten Weg haben die meisten aufgegeben.

«Quer denken» und «unbequem sein» sind einträglich in allen Belangen. Heiner Geißler, Jürgen Fliege, Eugen Drewermann und Udo Jürgens bilden gut fünfzig Jahre nach Kriegsende die Speerspitze der neuen deutschen Widerstandsbewegung. Wer aber sind die unbeugsamen Rebellen von morgen? Karin Tietze-Ludwig oder Gotthilf Fischer? Hanna-Renate Laurien oder Horst Tappert? Oder gleich der Hustinetten-Bär? Auf jeden Fall wird es ein Querdenker sein.

Martin Hecht, geb. 1964 in Würzburg, aufgewachsen in Rottweil, studierte Politikwissenschaft, Geschichte und Soziologie in Freiburg und London. Er ist Journalist beim Südwestfunk und veröffentlichte Reportagen und Essays in der *Süddeutschen Zeitung* und im *SPIEGEL*.

Abbildungsnachweis

Abb. S. 58 mit freundlicher Genehmigung von Jeschenko Kommunikation, Köln; Abb. S. 104 mit freundlicher Genehmigung der Bayerischen Hypotheken- und Wechsel-Bank, München.